SHODENSHA
SHINSHO

江戸の暗号

土方勝一郎

祥伝社新書

はじめに

江戸の町は暗号に満ちている。

現在の皇居である江戸城の北東の方角には、神田明神《かんだみようじん》、寛永寺《かんえいじ》、浅草寺《せんそうじ》が建ち並び、反対の南西の方向には日枝《ひえ》神社と増上寺《ぞうじようじ》が並んでいる。

これらの寺社が魔物の侵入してくる方角である鬼門《きもん》と裏鬼門の守りに当たっていることは、いままで繰り返し語られてきた。

ただし、寺社の由来や来歴を調べていくと多くの疑問が湧いてくる。本当に、これらの寺社だけが江戸の守りに当たっているのか、他には鬼門や裏鬼門を守る寺社や仕掛けは存在しないのか。寺社の相互の関係性はどのようなものなのか。

また、これらの寺社に隠された意図《いと》はないのか。さらに、なぜ鬼門と裏鬼門が特別に恐れられるようになったのか、他の方角の守りは必要ないのか、など疑問は尽きない。

暗号のように江戸の町に配置された多くの寺社を手掛かりに、隠された徳川のメッセージを解き明かすことができないか、というのが本書の執筆動機である。

私は趣味として東京の町歩きをはじめ、30年以上23区を中心に細かい路地に至るまで、

「もう行ったことがない場所はない」といえるほど、歩いてきた。

また、町歩きに並行して江戸の歴史や地理を調べてきた。これらの経験も活かしつつ、本書では「歴史」「地理」「宗教」「民俗学」「地形・地質」の視点から、先人の研究を参照し、新たな知見を加えることで江戸の暗号に迫りたい。

具体的には、江戸と江戸城を守るため、どのような宗教思想が採用され、あるいは新たに編《あ》み出され、その結果、どのような寺社が勧請《かんじょう》され、どのような位置に配置されていったのかを、時間軸と空間軸の両面から検討していきたい。

また、これら寺社の江戸の地形との関係についても検討する。本書で明らかにするように、寺社の由来・配置とそれが建つ地形とは、別々のものではなく、両者を合わせて考えることで、多くのことが見えてくる。

宗教的な面から都城《とじょう》を考える場合、まず前提となるのは中国からもたらされた「風水《ふうすい》」と、風水を元にわが国で独自に発展した「陰陽道《おんみょうどう》」である。

風水は地相《ちそう》を見る術《じゅつ》だから、どこに都城を定めるかは、まさに地形との関係で決められる。また陰陽道では特に表鬼門と裏鬼門が重視されるので、都城の中あるいはまわりに、どのように寺社などを配置するかは、守るべき中心からの方角によって定められる。

この時、地形との関係も重要なファクターとして加味されることになる。

本書では、風水や陰陽道から編み出された平安京の「四神相応《しじんそうおう》」、また「表鬼門」「裏鬼門」などについても、その歴史的な変遷にも注意を払って検討し、江戸の寺社の配置などにどのように反映されたかを見ていきたい。

また、徳川が行なった江戸の改造、江戸城の変遷《へんせん》、吉原遊郭《よしわらゆうかく》、江戸の刑場《けいじょう》など、江戸の宗教的な構造を理解する上で外《はず》せない関連事項についても、適宜《てきぎ》説明することにした。また、最澄《さいちょう》、平将門《たいらのまさかど》、天海《てんかい》など、これは外せないと考えた重要人物に関しては、紙面を割《さ》いて説明を加えた。さらに、町歩きの参考となるような蘊蓄《うんちく》も加えている。したがって、話は終始あちこちに飛ぶことをお許しいただきたい。

このような重層的な説明を通じ、江戸の暗号の謎を明らかにしていきたい。本書の内容はそんなに重くない。新しい「町歩き本」として受け取っていただいても結構だ。江戸時代の政治、経済、社会システムなどメインの視点からは抜け落ちた、「江戸の裏システム」についてのスケッチとして、読んでいただければ幸いである。

目次

第2章　江戸の地形

第４章　江戸の渦巻構造の謎

第５章　北斗七星が守る江戸の町

第6章 江戸の結界

図版製作：アルファヴィル・デザイン

第1章

都の守護システム

●桓武天皇は何を恐れたか

江戸の宗教的な構造を検討する前に、都を守る多くの仕掛けを配した京都について見ていきたい。

いうまでもなく、京都は延暦《えんりやく》13（794）年に桓武《かんむ》天皇が都（平安京《へいあんきよう》）と定めてから、長らく日本の中心であった。明治維新《めいじいしん》後、東京が首都になってからも国内外の多くの人々を引き付ける日本を代表する都市である。

さて、平安京が定まる前、都はどこにあったのだろうか。まず頭に浮かぶのは奈良の平《へい》城京《じようきよう》であろうか。

じつは京都に都が定められる前、頻繁《ひんぱん》に遷都《せんと》が行なわれている。第四十五代天皇として奈良の都、平城京で即位した聖武《しようむ》天皇の在位期間は、神亀《じんき》元（724）年から天平感宝《てんぴようかんぽう》元（749）年までであり、この25年間に山城恭仁京《やましろくにきよう》、紫香楽宮《しがらきのみや》、難波宮《なにわのみや》、平城京と4カ所に遷都が行なわれている。

また、第五十代天皇として平城京で即位した桓武天皇の在位期間は、天応《てんおう》元（781）年から延暦25（806）年までであり、この25年間に長岡京《ながおかきよう》、平安京に2回の遷都が行なわれている。

このように、頻繁に遷都が行なわれた理由はなぜだろうか。

当時の朝廷《ちょうてい》は「天皇の後継者争い」や「有力豪族間の派閥抗争」が絶えなかった。また、仏教勢力が大きな力を有して政治に干渉し、朝廷との間に大きな緊張関係が生じていた。さらに、頻繁に飢饉《ききん》や天災に襲われていた。これらの厄《やく》を払って、「人心の一新」を図ることが遷都の大きな目的だったと考えられている。

天応元（７８１）年、天皇に即位した桓武天皇の場合には、事情は大変切実だった。母親が百済《くだら》系（朝鮮の百済からやって来た渡来人）の下級貴族出身だった桓武が天皇になれたのは、父である光仁《こうにん》天皇の皇后《こうごう》・井上内親王《いのえないしんのう》と、その子で皇太子の他戸《おさべ》親王が失脚したことによる。

井上内親王は聖武天皇の娘であり、身分が高い。当然、次の天皇の有力候補は子である他戸親王と考えられていたが、井上内親王と他戸親王は「光仁天皇を呪い殺そうとしている」と訴えられ、捕らえられて殺された。裏でこの事件を操《あやつ》っていたのは、朝廷の有力貴族の藤原百川《ふじわらのももかわ》だったが、二人の殺害後ほどなく百川は死去し、二人の呪いと噂《うわさ》されるようになった。

また、桓武の即位後に皇太子（次代の天皇）に決められた桓武の実弟の早良《さわら》親王は、桓武の信任していた藤原種継《たねつぐ》の暗殺事件に連座し、幽閉されたあと、淡路島《あわじしま》に流される途中で無実を訴えながら憤死した。その後、桓武のまわりでは妻の藤原旅子《たびこ》が死去したのをはじめ、親族の相次ぐ発病や病死が起こり、さらに疫病《えきびょう》の流行、天災などが相次いだ。これを怨霊《おんりょう》となった早良親王の祟《たた》りと考えた桓武は、早良に「崇道《すどう》天皇」との諡《おくりな》を与え、名誉を回復してひたすら鎮魂に努めた。

以上の事件に桓武は当然関与していたであろうし、事件に連座した多くの人々の恨みを買っていることを十分自覚していたと思われる。

このような状況を打開し、人心一新を図るために遷都が行なわれた。このため、延暦13（794）年に遷都された平安京には、怨霊や魔物から都城を守る「霊的防御」が強く求められることになった。

なお、本書では、怨霊や魔物による災いから宗教の力で都城を守ることを「霊的防衛」と呼ぶことにする。また、霊的防衛のための宗教的な仕掛けを「霊的防衛装置」と呼ぶことにする。ここで、霊的とは神霊のことであり、仏も含むことにする。

白状すると、荒俣宏《あらまたひろし》の『帝都物語』に多分に影響を受けた呼び名だが、あくまで、便宜的な名称として理解していただきたい。

●なぜ京都が選ばれたのか

桓武は新しい都に京都（平安京）を選んだ。

それは京都が「四神相応の地相を有している」からだと、繰り返しいわれてきた。

本書ではこれとは異なる立場をとるが、それを説明する前に、まずは「四神相応」説について「おさらい」をしておきたい。

中国で生まれた「風水」が日本に伝わり、独自に変化した「陰陽道」では、東西南北の四つの方角に地形を表す四つの聖獣を対応させ、四つの聖獣が配された地相を、災いを防ぐ霊的防衛がなされた最も優れたものと考えた。

これが「四神相応」であり、図１−１のように四つの方角に、次の四つの聖獣が当てられた。

東には青龍《せいりゅう》：大きな河川の流れ
西には白虎《びゃっこ》：西に通じる街道
南には朱雀《すざく》：大きな湖
北には玄武《げんぶ》：ごつごつした高い山

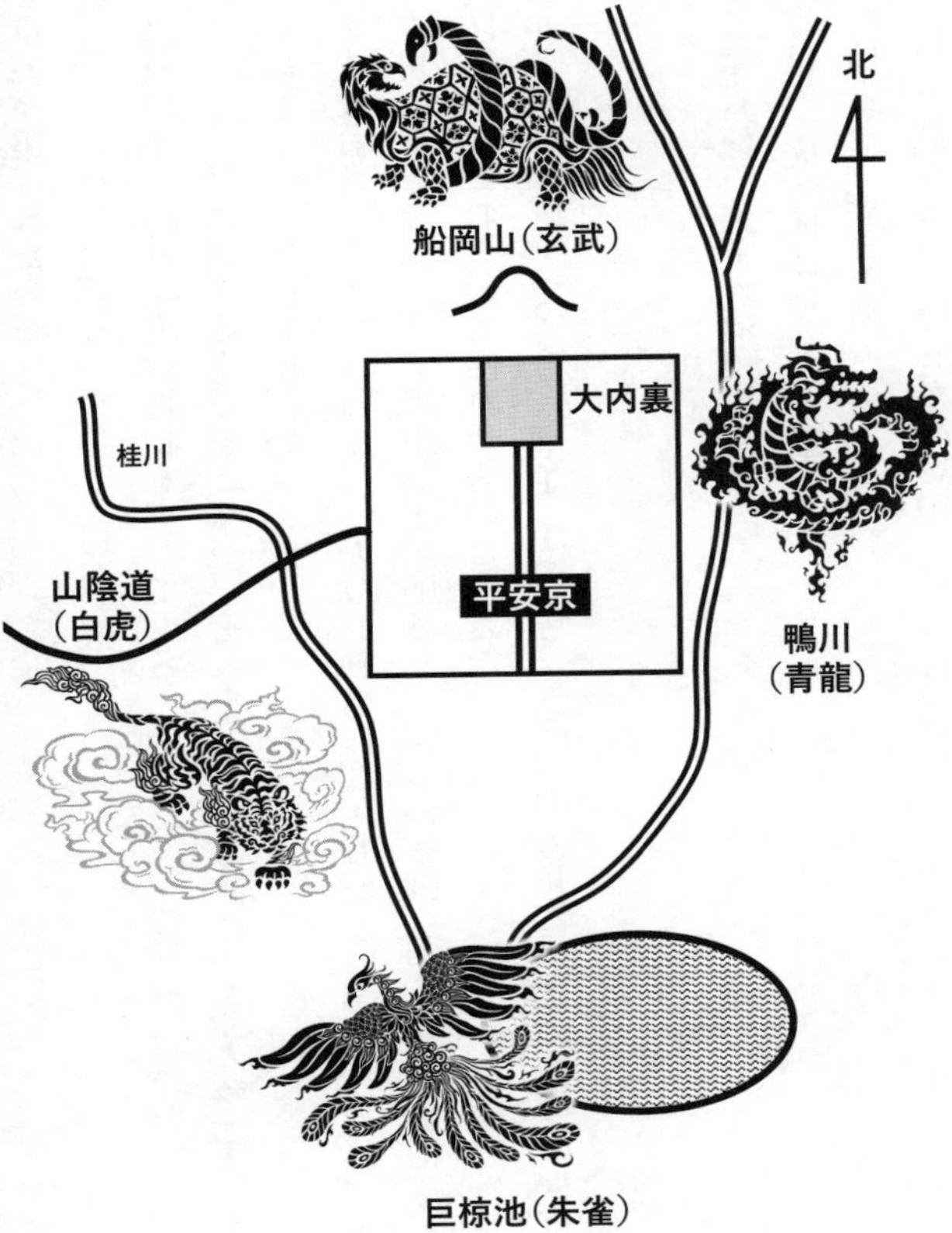

図1-1　京都の四神相応

この四神はいずれも中国の伝説上の聖獣である。「青龍」は清流に住む青い龍で、大きな河川の流れを表す。「白虎」は白色の虎で、西方へと続く街道を表す。「朱雀」は神鳥であり、大きな湖を表す。玄武は脚の長い黒い亀に蛇が巻き付いた神獣で、ごつごつとした高い山を表す。なお、朱雀と玄武はセットで「鶴亀」の元になっているといわれている。

この四神相応を平安京に当てはめると、次のようになる。

東に「鴨《かも》川が流れ」
西に「山陰道が通じ」
南に「巨椋《おぐら》池があり」
北に「船岡《ふなおか》山がある」

なお、巨椋池は、京都の南部、現在の京都市伏見《ふしみ》区、宇治《うじ》市、久御山町《くみやまちょう》にまたがる面積8平方キロメートルほどの巨大な湖で、琵琶《びわ》湖から発した宇治川はこの池に流れ込み、淀《よど》川となって大坂《おおさか》湾に流れていた。巨椋池は景勝の地として知られ、豊臣秀吉《とよとみひでよし》は湖畔に伏見城を築いて晩年移り住んだ。昭和の干拓事業で巨椋池は埋め立てられて、現在は農地となっている。

また、船岡山は、平安京の中央を通る朱雀大路《おおじ》の北の延長線上に位置する標高約112メートルの小山で、現在は織田信長《おだのぶなが》を祀《まつ》る建勲神社《たけいさおじんじゃ》（京都市北区紫野北舟岡町《むらさきのきたふなおかちょう》）が建っている。

このように四神相応を当てはめてみると、京都（平安京）はまさに理想的な地相となっており、これが都に選ばれた大きな理由であるとされてきた。

四神相応は大変分かりやすくビジュアル的にも優れている。平安京が四神相応の地相であることは、古くから多くの書物で繰り返し語られてきた。本書も、ここで話を終わることができれば大変気が楽だが、近年、この説には疑問が出されるようになってきた。

このためには、日本の風水について見ていく必要がある。

●四神相応では説明できない

まず結論から述べたい。

東に青龍（河川）を、西に白虎（街道）を、南に朱雀（湖）を、北に玄武（山）を対応させる「四神相応」の考えは、中国から導入された風水が、日本独自の変化を遂げて出来上がった概念で、平安時代中期に成立した。

したがって、この四神相応の考えに基づいて平安遷都が行なわれたのではない。平安京は風水本来の理想的地相「後方に山、左右に龍脈、前方が一部抜けて水がある」によって説明できる。

以下、刺激的な考察に満ちている諏訪春雄《すわはるお》『日本の風水』、黄永融《こうえいゆう》『風水都市』に従って、風水について見ていこう。

●風水による天地・宇宙の解釈論

そもそも、風水とは紀元前後に中国で生まれた、「天地・宇宙の解釈論」と「土地占い」である。風水では、宇宙の活力である「気」を根幹に据《す》え、これを人間界に呼び込むことを考えた。

気とは宇宙にあまねく存在する活力であり、宇宙、自然、生命を成り立たせている根本的なエネルギーと考えられた。風水は成立時から、あとで説明する「陰陽説《いんようせつ》」と結びついていた。

気には陰陽があり、陰気は「静・重・柔・冷・暗」を表して重く濁《にご》っており、陽気は「動・軽・剛・熱・明」を表して軽く澄んでいると考えられた。

紀元3世紀から5世紀の晋《しん》の時代に成立した最も初期の風水書とされる『葬書《そうしょ》』には次の記述がある。

陰陽の気、吐き出すと風になり、昇ると雲となり、降りると雨となり、地中に流れている時は生気《せいき》となる。

気は風に乗ずれば即《すなわ》ち散じ、水にへだてられれば止まる。古人はこれを聚《あつ》めて散ぜざるようにし、これを行かせるも止まるようにせしむ。故にこれを風水と謂《い》う。

このように『葬書』では、気は生気となって地中を流れ、地上に表れると風や雲となり雨に転じるとされ、水を用いてこの気を集めて制御することが風水の術であるとされた。

風水の「天地・宇宙の解釈論」では、気を中心に据え、「天」「地」「水」の関係で世界

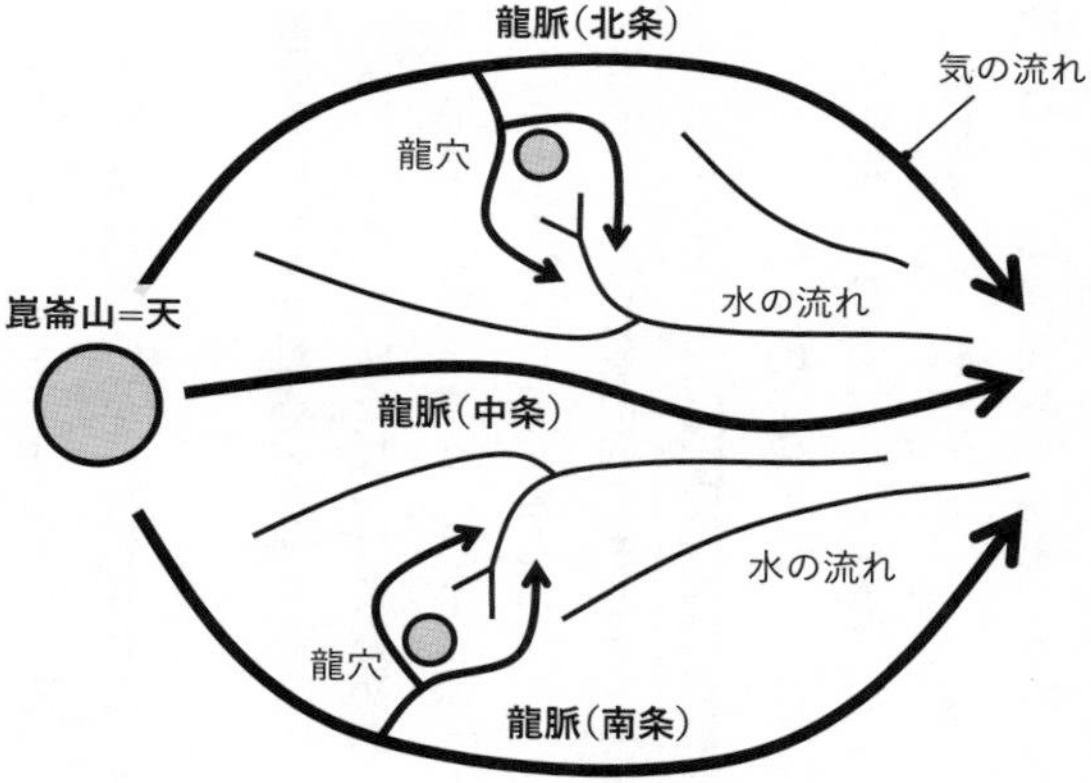

図1-2　「天地水相応」の風水図
（諏訪春雄『日本の風水』の記述に基づき作成）

を説明した。中国人が持っていた中華思想では、中国こそが世界の中心で、それより外のエリアは野蛮人が住む未開の地と考えられていた。

天地・宇宙の解釈論でも、世界は中国と同一視され、気は天帝が住む西方の崑崙山《こんろん》（天）を発して、北条・中条・南条の三大龍脈《りゅうみゃく》（地）を伝わって流れ、枝分かれして中国全土の隅々まで行きわたると考えた。

気は大地を均等に流れるのではなく、山々が連続する山脈に集中して流れると考えられた。これが「龍脈（竜脈とも）」である。気が水にせき止められて蓄《たくわ》えられる場所が「龍穴《りゅうけつ》」であり、風水で最良の地とされた。絵にしてみると図1–2のような感じであろうか。

風水では、気を発する天（崑崙山）、それを運ぶ山脈（龍脈）、気を蓄える水の3要素から世界は成っていると解釈された。これが「天地水相応《てんちすいそうおう》」の世界観である。

●風水による土地占い

次に、よい場所を見つけるための「土地占い」の話に移るが、土地占いとしての風水には、墳墓《ふんぼ》を対象とする「陰宅風水《いんたくふうすい》」と住居、集落、都城を対象とする「陽宅風水《ようたくふうすい》」があることをまず確認しておきたい。

この二つの対象の内、もともとの風水では陽宅より陰宅が中心に据えられていた。これは、「子孫と先祖の関係は枝葉と根幹のようなものなので、今を生きる子孫の繁栄を確保するには、現在の子孫の住処《すみか》（陽宅）より、根幹である祖先の墳墓（陰宅）を良地に造り、丁寧に祀ることの方がより重要である」との考えによる。

前に挙げた『葬書』も、その名の通り「死者の葬り方《ほうむりかた》」や「墳墓の選定法」を述べた陰宅についての書物である。現在、日本では墓相より家相が重要視されるが、今でも大陸では墓相の方が重視されているようである。

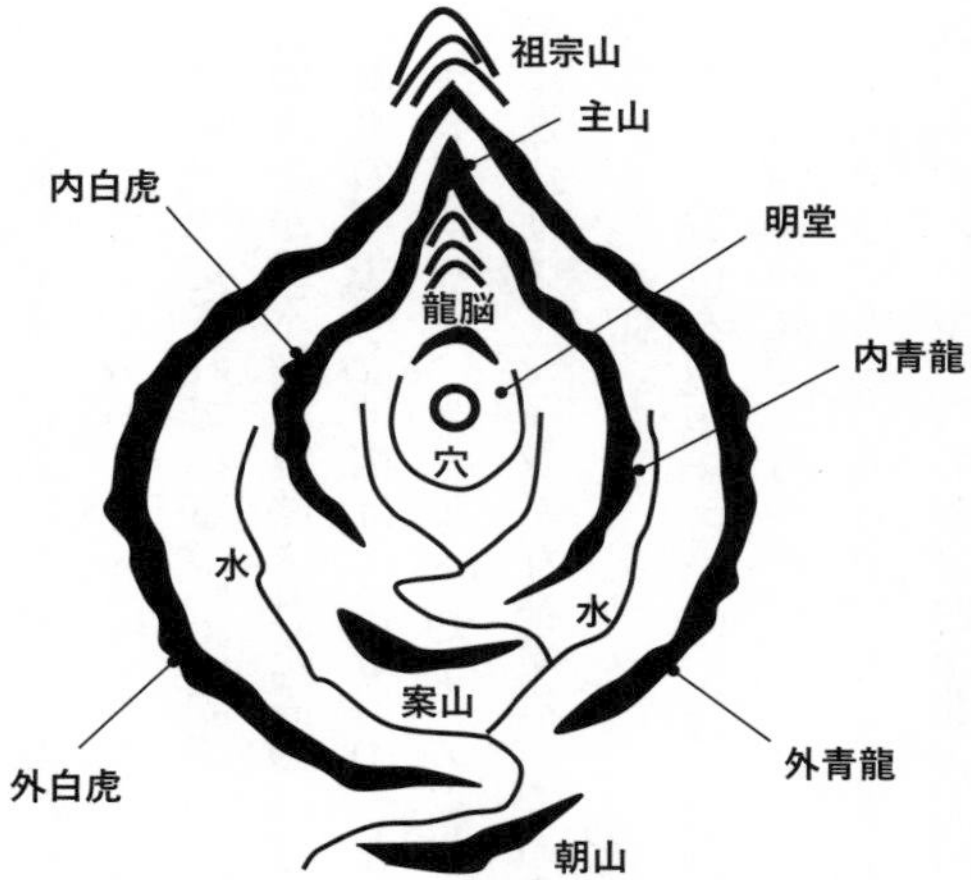

図1-3　理想的風水図（朝鮮総督府編『朝鮮の風水』の掲載図に基づき作成）

　また、土地占いとしての風水には、大きくいって「地形を重視する学派」と「方位を重視する学派」の二つがあった。

　地形を重視する学派では、「天地・宇宙の解釈論」を陰宅などに当てはめ、気を発する山があり、気を運ぶ龍脈に囲まれ、気が水でせき止められ溜められる場所が、龍穴となる最良の地相とされた。

　図1-3には、風水の理想的な地相の一例を載せる。この図では、「崑崙山」に当たるのが「祖宗山《そしゅうざん》」であり、ここから左右に四つの「龍脈」が流れ、穴の後方の小高い丘は龍頭《りゅうとう》の額《ひたい》を表す「龍脳《りゅうのう》」となっている。

　「穴《けつ》」とは龍脳の前の窪地で、ここに生気

が蓄えられる。また、生気を受け止め溜める水の存在も重要で、龍脈の間を河川が幾重にも流れなくてはいけない。穴のある「明堂《みようどう》」は、左右の龍脈から生気を浴びるだけでなく、龍脳の生気の恩恵にも浴《よく》することができる最良の場所であるとされた。

絵を見てすぐ分かるように、ここでは生命を宿し育《はぐく》む女性器とのアナロジーで理想的な地相が想定されている。陰陽説では、天は陽で男性を表し、地は陰で女性を表すので、この考えが風水図に反映されたものと考えられる。

風水の理想的な地相は「後方に山、左右に龍脈、前方が一部抜けていて水があること」を基本とするが、風水の歴史は古く東アジアに広く伝わったので、時代や地域によって様々なバリエーションが存在する。この図もその一例であり、他にも無数の変化形が存在する。

また、方位を重視する学派には「聖獣四神」が用いられた。この聖獣が後の「四神相応」の四神の元である。

中国では、太陽の通り道である黄道《こうどう》上に28個の星座を選び「黄道二十八宿《にじゆうはつしゆく》」とし、これを7つの星座から成る東西南北各方角の4グループに分け、天体観測による星座の見え方から「青龍」「白虎」「朱雀」「玄武」と見立てた。

この聖獣四神は漢《かん》の時代に成立したが、風水に取り込まれ、四方の守りとして墳墓の内外に描かれるようになった。

さて、現在の日本の常識とはかなり異なるが、四つの聖獣で四方を守る方法は、中国では基本的に墳墓に限って適用される概念だった。聖獣四神は最後まで都城には適用されず、長安《ちょうあん》をはじめとする中国の都城にも、聖獣で四方を守る方法は見つけられない。これは、動物霊である聖獣は中国では下位の神であり、皇帝が住む都城に適用するような神格ではなかったことによるらしい。

●四神相応説はいつ定着したのか

風水の知識は遅くとも7世紀には朝鮮半島を経由し、日本に入ってきた。

7世紀末から8世紀初頭に造られた「キトラ古墳」（奈良県高市《たかいち》郡明日香《あすか》村大字阿部山《あべやま》）と「高松塚古墳《たかまつづかこふん》」（同村大字平田）の石室の四面には、それぞれ「青龍」「白虎」「朱雀」「玄武」が描かれている。このように中国からもたらされた聖獣四神は、日本に導入されてからしばらくは、墳墓についてのみ用いられていた。

わが国に導入された風水は、あとに述べる陰陽師《おんみょうじ》たちの手によって、他の輸入文化と同様に独自の変化を遂げていった。この過程で、聖獣四神は都城の守りにも適用されるように変化していったと考えられる。これは、日本では古くから動物は神の使いとして信仰の対象とされており、中国のように下位の存在とはみなされていなかったことによるようだ。

この聖獣四神が、わが国で都城に適用された時期が問題となる。

奈良の都、平城京については『続日本紀《しょくにほんぎ》』に、元明《げんめい》天皇の遷都の勅《みことのり》として「平城の地は四禽叶図《しきんずにかない》、三山作鎮《さんざんちんをなす》」との記載が見られる。この四禽とは聖獣四神であり、わが国ではこの時期までに、聖獣四神の都城への適用が始まっていたと考えられる。

ただし、平城京には、西に向かう街道も、南の湖もなく後の「四神相応」が指し示す地形とは対応していない。

平城京は方位を重視する学派の考えによって聖獣四神に適《かな》っていることが説明できる。すなわち、「四禽の地相に適う」との意味は、図1―4に図化するように墳墓の四方に描かれた聖獣四神を奈良盆地を取り囲む四方の山々と対応させたものであり、春日《かすが》山を含む東の山々を青龍に、生駒《いこま》山地を白虎に、明日香村のある高地を朱雀に、奈良山地を玄武にそれぞれ見立て、これらに四方を囲い込まれた奈良盆地を「四禽叶図」と称したものと考

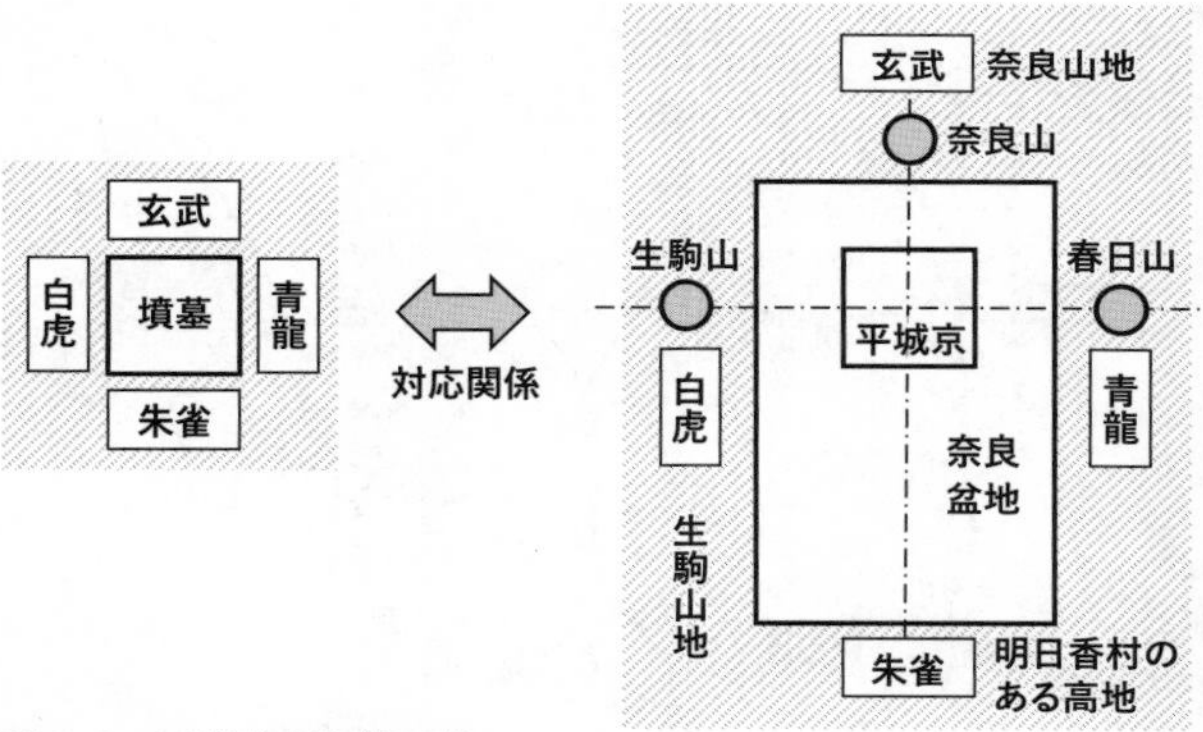

図1-4　平城京と聖獣四神

えられる。また、「三山作鎮」の三山は奈良山、春日山、生駒山を指している。

　このように平城京では、聖獣四神は用いられているが、河川・街道・湖・山に四神を対応させる「四神相応」は認められない。

　一方、平安京は、地形を重視する学派の考えによって説明できる。『日本紀略』には桓武天皇が平安遷都に際し、「山《さん》河《が》襟帯《きんたい》、自然作城《しぜんさくじょう》」と述べたとの記載が見られる。ただし、「四神相応」との言葉は見られない。

　そもそも「山河襟帯」とは、山と河に着物の襟のように取り囲まれた窪地との意味である。試しに図1-3の風水図を京都（平安京）に当ててはめてみると図1-5のようになり、この地はまさに風水による理想的な地相となっていることが分かる。

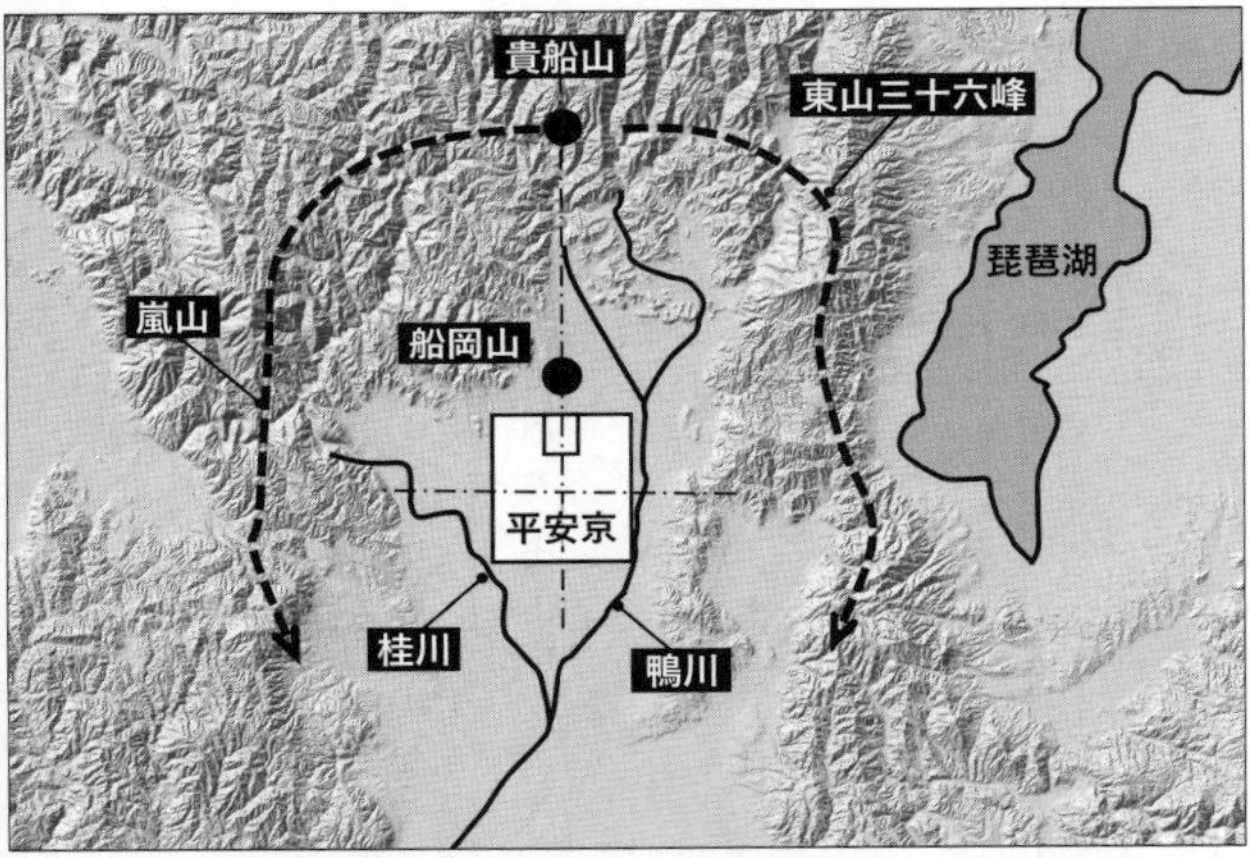

図1-5　京都の風水図（国土地理院地図 GSI Mapsに基づき作成）

北の貴船《きぶね》山を祖宗山に見立てると、そこから左右に延びる東山《ひがしやま》三十六峰と嵐山《あらしやま》は龍脈となり京都盆地を取り囲み、建勲神社が建つ船岡山が龍脳に当たっている。また東に鴨川が流れ、西に桂《かつら》川が流れて生気を溜《た》めて、天皇の住む内裏《だいり》はまさに明堂に当たっていると見ることができる。

以上のように、東に河川を、西に街道を、南に湖を、北に山を対応させる四神相応の概念は平城京、平安京とも文献では見出せない。平城京が適地であることは墳墓を守る本来の聖獣四神によって説明でき、平安京については風水本来の理想的地相によって十分説明できる。

「四神相応」の完璧な説明がなされるのは、

延喜《えんぎ》21（921）年に生まれた安倍晴明《あべのせいめい》がまとめたとされる陰陽道の専門書『簠簋内伝《ほきないでん》』まで待たなくてはいけない。同書には、以下の内容が記載されている。（藤巻一保《ふじまきかずほ》『安倍晴明占術大全』）

> 東に流水のある地は、青竜の地。南に沢畔《たくはん》がある地は、朱雀の地。西に大道があるのは、白虎の地。北に高山があるのは、玄武の地。この四つとも備わった地のことを、四神相応の地と云う。最も大吉の地である。

同書が世に出るのは平安中期のことであり、この記述によって、「四神相応」は全国に広まって大きな影響力を持つようになったと考えられている。したがって、時間を遡《さかのぼ》って『簠簋内伝』が述べる「四神相応」により、平城京や平安京を説明することには無理がある。なお、この書は安倍晴明よりさらに後の時代に作られたとの説もある。

本来、天空の星座に基づく聖獣四神を、河川、街道、湖、山に対応させたのは、平安京の繁栄を見たうえで、この地の地形を改めて聖獣四神に当て直したと考えるしかないだろう。これは平安時代の陰陽師たちの手になる風水の改変である。したがって、四神相応だから平安京が選ばれたのではなく、順序は逆で、平安京の地形に基づき日本独自の四神相応が生み出されたと考えられる。

ただし、これ以降、京都は「四神相応」の地相であることが広く認識され、この考えが大きな影響力を持つようになったことは間違いないところである。

●平安京の都市構造

現在の京都御所《ごしょ》は鴨川のそばにあるが、平安京が造営された時、天皇の住む内裏はこの位置にはなかった。このことに注意しながら、平安京の都市構造を見ていきたい。

平安京は中国の長安を模《も》し、緻密な都市計画に従って計画された都であった。

平安京は、南北約5・2キロメートル、東西方向約4・5キロメートルの長方形で、図1-6のように東西南北に走る大路と小路によって、都全体が碁盤《ごばん》の目状に区画されていた。都の東西方向には「一条大路」から「九条大路」の九つの大路が走り、南北方向には「朱雀大路」を中心に、左右にそれぞれ四つずつ、合計九つの大路が走っていた。

祭礼と国政を司る大内裏《だいだいり》は都の北側の、一条大路、二条大路、大宮大路、西大宮大路に囲まれた位置にあり、大内裏の一画には天皇が住む内裏があった。内裏を都の北側に設け

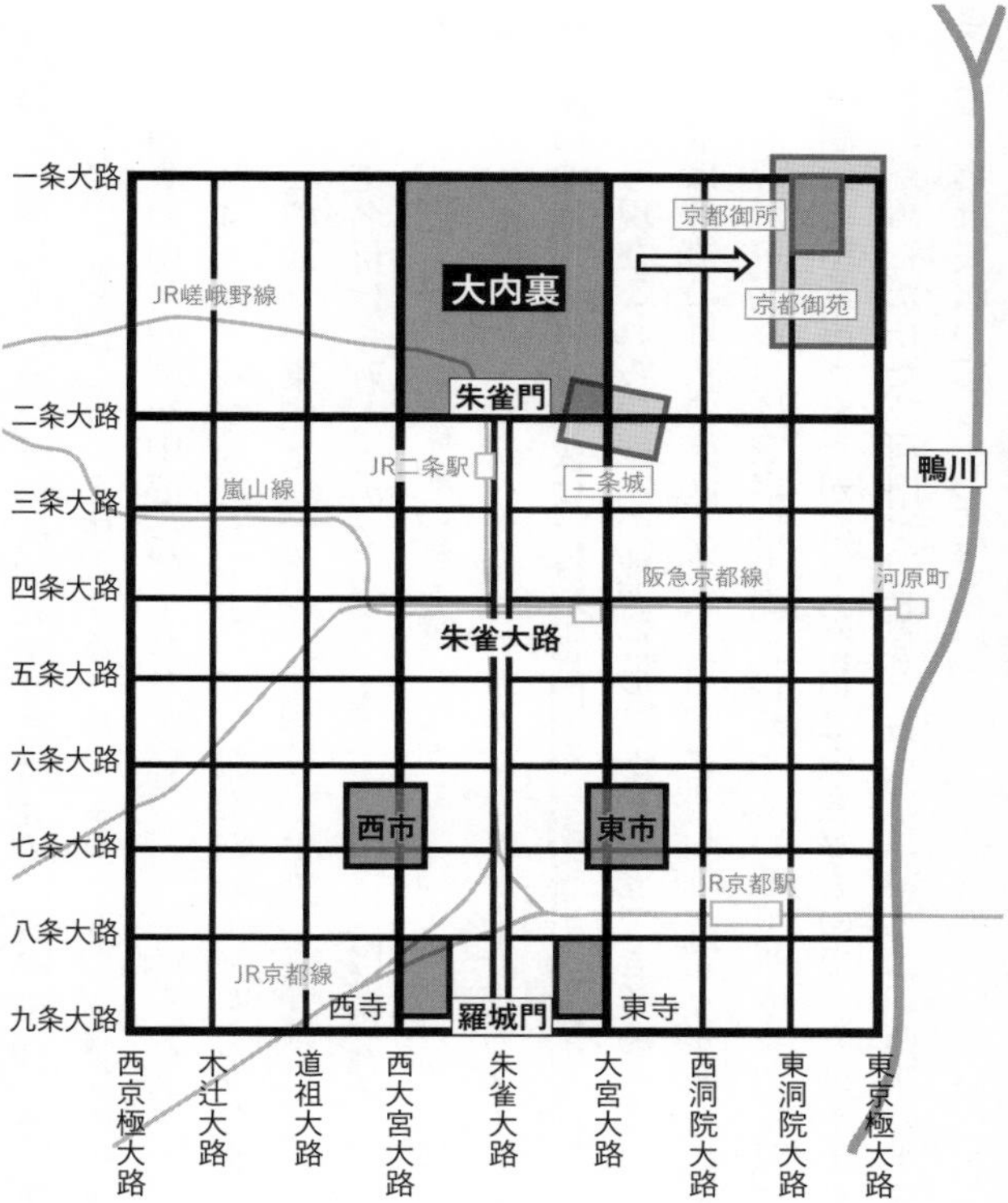

図1-6　平安京の都市構造

（高橋昌明『京都〈千年の都〉の歴史』の掲載図に基づき作成）

※平安京と現在の鉄道の位置を重ね書き、後の京都御苑／京都御所と二条城についても重ねて示した。

たのは、中国における天子の統治に関する考え方「天子南面《てんしなんめん》」(天子は太陽を背に、南向きに陣取り政治を執り行なう)を体現するためである。なお、後に徳川家康《とくがわいえやす》が造った二条城《にじょうじょう》は、大内裏の南東の隅を中心に建てられている。

朱雀大路は、近年の学術調査によって、幅が84メートルもある大通りであることが分かったが、この通りの東側は「左京」、西側は「右京」と呼ばれた。これは、大内裏から南方を眺めて名付けられたものである。朱雀大路の位置は現在の「千本通《せんぼんどおり》」に重なっている。「千本通」はＪＲ二条駅の横を通っており、清水寺《きよみずでら》など東山に多くの観光スポットがある現在の感覚だと、かなり西側寄りだが、これが平安京のメインストリートだった。朱雀大路の北端の大内裏の入口には朱雀門が、平安京の南端の入口には羅城門《らじょうもん》があった。残念ながら現在これらの城門の位置は碑石から確認できるのみである。

平安京は碁盤の目状の街区のすべてに、ぎっしりと家々が建ち並んでいたようにイメージされがちだが、じつは工事は未完で終わっている。平安京の造営には全国から多数の人夫が強制的に駆り出されたが、その負担は大変なもので、もはや工事は続けられなくなった。このため、たびたび河川が氾濫した右京については、西側の半分は市街地化されないままで工事は終わってしまった。

平安京は長安を手本に、幾何《きか》学的な形となることを優先して計画されたので、地形についての配慮は少なく、河川の氾濫には十分な注意が払われなかったと考えられる。

ただし、後に内裏は動いている。現在の京都御所は、元の内裏からは約2キロメートル東に移動した位置にある。

大内裏の外に移した天皇の住まいを「里内裏《さとだいり》」という。

里内裏は貞元《じょうげん》元（976）年に大内裏が焼失した際、村上《むらかみ》天皇が後の二条城の東側にあった堀河殿《ほりかわどの》に一時移ったことがはじまりとされる。これ以降、天皇は大内裏には住まずに、里内裏で生活することが常態化していった。

これは、朝廷の儀式や執務が時代と共に簡略化していく中で、規模が大きい大内裏の生活は不自由で、使い勝手が悪くなったためと考えられている。また、内裏はたびたび焼失したので、その再興の費用も大変だったのだろう。

平安京は成立時から朱雀大路の東側の左京にシフトしており、左京を中心に発展していった。このため、天皇の移り住む里内裏は、いずれも左京の有力貴族の住居が選ばれた。

その中でも、土御門《つちみかど》東洞院殿《ひがしのとういんどの》は、しばしば里内裏として利用された。南北朝の時代になると、ここは北朝の皇居となり、応永《おうえい》8（1401）年の出火で焼失後、足利義満《あしかがよしみつ》が再建した。これ以降、この場所が皇居に定まり、現在の京都御所となっている。

なお、混乱することが多いようだが、石垣で囲まれた現在の京都御苑《ぎょえん》は明治になってから整備されたもので、御苑の中の築地塀《ついじべい》で囲まれた部分が京都御所である。

以上のように、天皇の住む場所は移動している。これから説明する平安京の霊的防衛では、今の京都御所ではなく、元の大内裏の中心を起点とした方角で見ていくことにする。

●「鬼門」を生み出した陰陽道

意外なことを言うように思われそうだが、

・陰陽道は日本独自のものである。
・鬼門を怨霊や魔物が侵入する方角として特別に恐れる考えは日本独自のものである。
・裏鬼門との言葉は日本で生まれた。

中国には、もともと「陰陽説」と「五行説《ごぎょうせつ》」の二つの考え方があった。これらは、中国の戦国時代（紀元前400～200年くらい）に生み出された。

「陰陽説」も「五行説」も風水のところで説明した気の概念に基づいている。

陰陽説では世界は陰と陽から成ると考えた。陰は月に、陽は太陽にたとえられ、天と地、男と女、白と黒、寒と暖のような相対する物事を陰陽で区別した。陰の気と陽の気は循環し、時に陰の気が、時に陽の気が、盛んになったり弱まったりすることで、この世界は成り立っていると考えた。

また、陰と陽の二元が、それぞれが分かれると四に、さらに分かれると八になる。これが八卦《はっけ》で、方位や季節に割り当てられた。

五行説では、世界は「木・火・土・金・水」の五つの気の状態から成ると考えた。「木が燃えて火となり、火の灰が土になり、土の中で金属が生じ、金属は冷えて水を生じ、水からは木が育つ」というように、この世界は五行の気が循環することで成り立っていると考えた。

やがて、この二つの考えが融合して「陰陽五行説」が生まれ、自然や人間生活の全般を陰陽と五行で説明するようになった。ただし、陰陽五行説はあっても「陰陽道」との呼び方は中国では一切見られない。

仏教がわが国に正式に入ったのは欽明《きんめい》天皇13（552）年とされ、以降日本と同盟関係にあった朝鮮の百済を経由し、仏教ばかりでなく中国の様々な宗教、思想、技術が入ってきた。また、斉明《さいめい》天皇6(660)年には、唐《とう》と新羅《しらぎ》の連合軍よって日本と同盟を結んでいた百済が滅び、多くの百済人が日本に逃れてきた。

この中には知識人である王族、貴族や官人も数多く含まれており、朝廷で重く用いられる者も現れた。これらの渡来人によって、さらに中国文化の導入が加速された。このような流れの中で、中国で起こった陰陽五行説や風水が日本に伝えられ、日本古来の神道や民間信仰、道教、仏教などと融合し発展を遂げ、日本独自の陰陽道が生まれたと考えられている。

陰陽道は様々なレベルでわが国独自の発展を遂げていくが、朝廷にもその組織ができた。これが、陰陽寮《おんようりよう》であり、『日本書紀』には天武《てんむ》天皇4(675)年に、初めてその名前が出てくる。

養老《ようろう》2(718)年に制定された「養老律令」では、陰陽寮には次の四つの部門を設けることが記されている(鈴木《すずき》一馨《いつけい》『陰陽道』)。

【陰陽の部門】陰陽寮の中心となる部門。以下のような分野を扱った。

・式占《しきせん》…方位を記した正方形の盤（地盤）と、その中に収めた星を描いた円形の盤（天盤）からなる「式盤《しきばん》」を用い、天盤を回転させて占う術。
・易占《えきせん》…筮竹《ぜいちく》（50本の細い竹の棒）を操作して占う術。易占いの代表的な方法として現在まで根強く生き残っている。
・相地《そうち》…風水に基づいて地相の吉凶を占う術。
【暦の部門】暦を作り、日食・月食を予測する部門。
【天文の部門】天文や気象に表れる天の意思を推しはかる部門。
【漏刻《ろうこく》の部門】漏刻（水時計）を管理する部門。

この陰陽道から、表鬼門と裏鬼門が日本独自に生み出された。

風水には鬼門（北東）、風門（南東）、人門（南西）、天門（北西）の四つの門があるとする考えがあったが、もともと中国では「鬼」とは「死者の霊魂」を指し、鬼門は死者の霊魂が出入りする門であり、日本のように魔物が侵入する特別危険な方角とは考えられていなかった。ただし、福建省《ふっけんしょう》一帯では鬼門を忌む考えがあったようで、少し保留条件が付くのかもしれない（何暁昕《かぎょうきん》『風水探源』）。

艮《うしとら》（北東）の方角を特別に恐れる表鬼門は、風水における「鬼門」との呼び名と、日本古来の「オニ＝魔物」を恐れる考えが、陰陽道の中で結びつき日本独自に生み出されたと考えられる。

一方、坤《ひつじさる》（南西）の方角を恐れる裏鬼門の考えは、「寺院や民家の裏側の空間には、恐ろしい神々がいる」という日本独自の観念から発生した（諏訪春雄『日本の風水』）。

この裏側の空間の神とは、寺院でいえば、仏の後方空間を守る「後戸《うしろど》の神」であり、民家でいえば、土間、台所、納戸《なんど》のような家の裏側の空間を守る「かまど神」などである。なお、「後戸の神」については、日光東照宮《にっこうとうしょうぐう》のところで改めて説明するが、天台宗《てんだいしゅう》では常行堂《じょうぎょうどう》の阿弥陀如来《あみだにょらい》の後方を守る「摩多羅神《またらじん》」がこれに当たる。裏鬼門は表鬼門以上に日本独自のものである。

日本の風水では、各方角の呼び方は図1−7のように変化を遂げた。風水本来の「鬼門」「風門」「人門」「天門」は、ここでは「表鬼門」「地戸」「裏鬼門」「天門」と変わっている。また、表鬼門と裏鬼門は次のように理解されるようになった。

東から南の方角は「陽」であり、西から北の方角は「陰」である。この陽と陰の境界

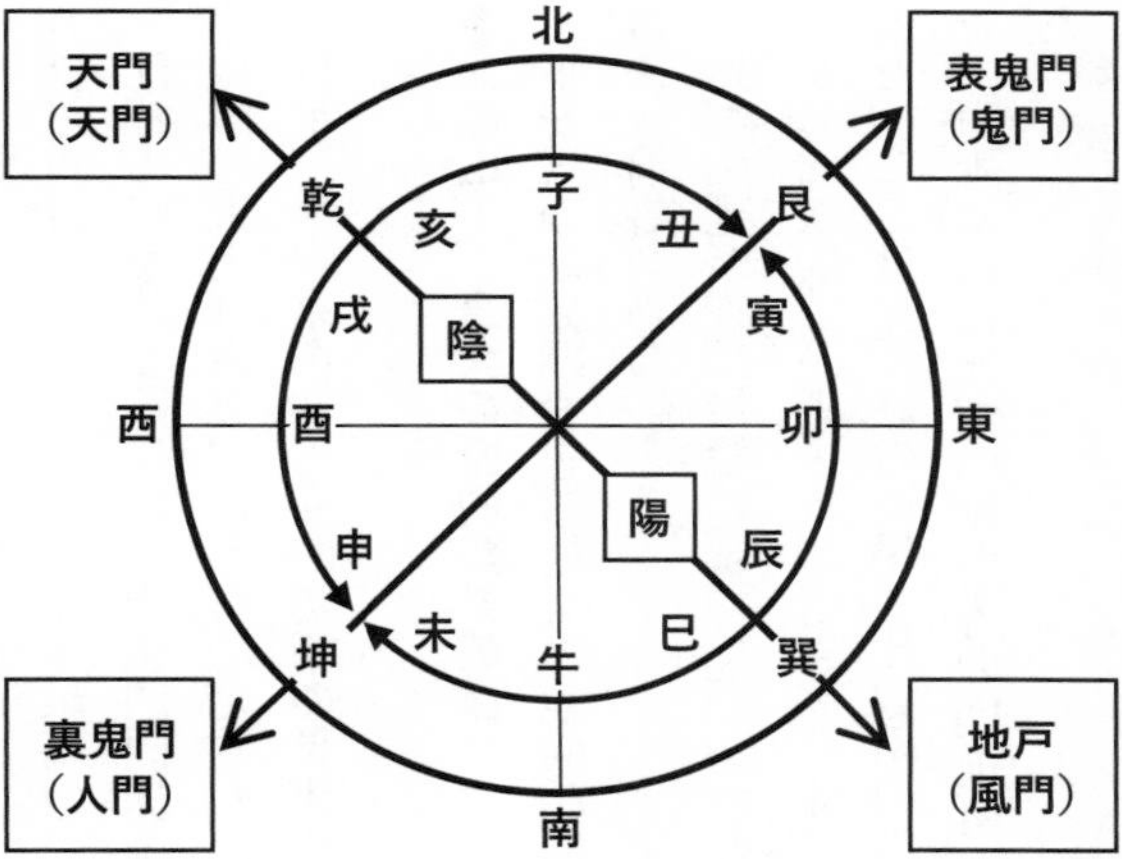

図1-7　陰陽道の方角関係 ※括弧内は風水本来の呼び方

（割れ目）である北東の方角と南西の方角が最も不安定で、怨霊や魔物が侵入しやすい最も危険な方角である。

今でも家を建てる時、「鬼門には三備を設けず」といわれることがある。三備とは、「玄関」「トイレ」「台所」のことを指す。玄関は入口なので、魔物が侵入してくる方角に設けることを避けるのは容易に理解できる。また、魔物は水と親和性が高いので、トイレ、台所などの水回りを鬼門に作るのは避けるべきと考えられている。

このように表鬼門と裏鬼門は、陰陽道が日本独自に発展していく中で生み出された概念だった。これから詳しく見ていくように、平安遷都の時点では表鬼門は強く意識されていたが、裏鬼門の考えはなかったか、それほど重視されなかった可能性が高い。

江戸の町を造る際には、表鬼門同様に裏鬼門が強く意識されるようになっていたので、裏鬼門の考えは表鬼門に遅れて定着したと考えることができる。

以下、平安京を守る霊的防衛の具体的な仕掛けを見ていこう。

●比叡山――最大の霊的防衛装置

平安京の表鬼門を守る最大の霊的防衛装置は、大内裏の艮（北東）の方角に位置する比《ひ》叡山《えいざん》延暦寺である。

比叡山延暦寺は最澄によって開かれた。

最澄は天平神護《てんぴょうじんご》2（766）年、近江国滋賀郡三津《おうみのくにしがぐんみつ》（現在の滋賀県大津市坂本《おおつさかもと》）で生まれた。ここは琵琶湖の西岸、比叡山の山すその地であり、古社である日吉大社《ひよしたいしゃ》が建っていた。坂本は後に比叡山延暦寺の門前町となる場所で、最澄はもともと比叡山と縁があった。

最澄は宝亀《ほうき》11（780）年、仏門に入り修行を積んだのち、延暦4（785）年奈良の東大寺の正式な僧侶となった。最澄は東大寺で鑑真《がんじん》が中国からもたらした「天台宗」の教えを学んだが、その後、奈良仏教界の在り方に疑問を抱き故郷に帰り、比叡山に入ってひとり修行に励んだ。

そして、平安京遷都の少し前の延暦7（788）年に、比叡山に草庵《そうあん》（一乗止観院《いちじようしかんいん》）を結び、薬師如来《やくしにょらい》を本尊として祀《まつ》った。この草庵が後の延暦寺根本中堂《こんぽんちゅうどう》である。

以上の経緯から分かるように、平安京への遷都が行なわれた後に、最澄はその鬼門の方角に延暦寺を開いたのではない。山林修行していた故郷の山が、たまたま後に開かれた平安京の鬼門の方角に当たっていた、という方が正確である。

最澄は、平安京遷都の3年後の延暦16（797）年、桓武天皇から内供奉十禅師《ないぐぶじゅうぜんじ》に選ばれた。内供奉十禅師とは、宮中で天皇のそばに控え、国家安泰と天皇の安息を祈ることを職務とする僧侶のことだ。

桓武が京都に都を移したのは、何かとうるさい奈良の仏教勢力の影響を断ち切る意味もあったので、奈良東大寺を飛び出し、ひとり山中で修行を積んだ最澄は、そばに置くには適任だったと思われる。また、平安京の鬼門の防衛に心を砕《くだ》いていた桓武にとって、この方角に草庵を結んでいた最澄には、特別な縁を感じたことだろう。

桓武の庇護《ひご》のもと、最澄は朝廷で重く用いられ、早良親王の鎮魂にも力を尽くしたといわれている。

最澄は延暦23（804）年に還学生《げんがくしょう》に選ばれて中国に渡り1年程度滞在した。この時、天台山で本場の「天台宗」の教えを学び、帰りがけに当時の最新の宗派であった密教《みっきょう》の経典を幾つか持ち帰った。

最澄が唐で学んだ天台宗は、法華経《ほっけきょう》を根本経典とする顕教《けんきょう》の宗派である。顕教は一般大衆に向かって仏の教えを分かりやすく説いたもので、誰もが救われることを前提に、自らを救い他を利することを説いた。

一方、密教は厳しい個人の修行を重視し、仏の加護によって人が生きたまま仏の境地に達する「即身成仏《そくしんじょうぶつ》」を目指した。密教は、より現世的なご利益《りやく》が期待できる最新の宗派で、京の都での関心も高かった。最澄が帰りがけに密教の経典を持ち帰ったのも、このような状況を受けたものである。

帰国した最澄は、延暦25（806）年に朝廷から天台宗を公認され、「日本天台宗」の始まりとなった。比叡山延暦寺の正式な開山はこの時期とされている。

鬼門を守る延暦寺では、天災や騒乱が起こった時の国家護持、天皇やその親族の病気平癒、祟りをもたらす怨霊の調伏《ちようぶく》などを目的とした法要がたびたび行なわれた。弘仁《こうにん》14（823）年から始まった「御修法《みしほ》」は、四つの大法である「熾盛光法《しじようこう》」「七仏薬師法《しちぶつやくし》」「普賢延命法《ふげんえんめい》」「鎮将夜叉法《ちんじようやしや》」から成る天台最高の法要であり、これに特別大法の「安鎮家国法《あんちんかこくほう》」を加えた「五箇《ごか》の大法」が比叡山では修された。

最澄は法華経を中心教義とした天台の教えに深く帰依《きえ》していたが、桓武天皇は呪力の高い密教に期待するところが大であり、最澄は両者を融合する必要に迫られた。このため、日本天台宗は「天台宗」と「密教」をブレンドしたものとなり、「天台密教」と称するようになった。このような経緯から、最澄とその弟子たちは長らく二つの教義の融合に苦慮することになる。

●重層的な鬼門防衛

京都の艮（北東）の方角に位置する比叡山延暦寺は、鬼門を守る最大の霊的防衛装置であるが、これをさらに強化する仕掛けが設けられた。これが、図1-8の重層的な鬼門防衛である。以下、京都の重層的な鬼門防衛について見ていきたい。

このキーワードは猿である。

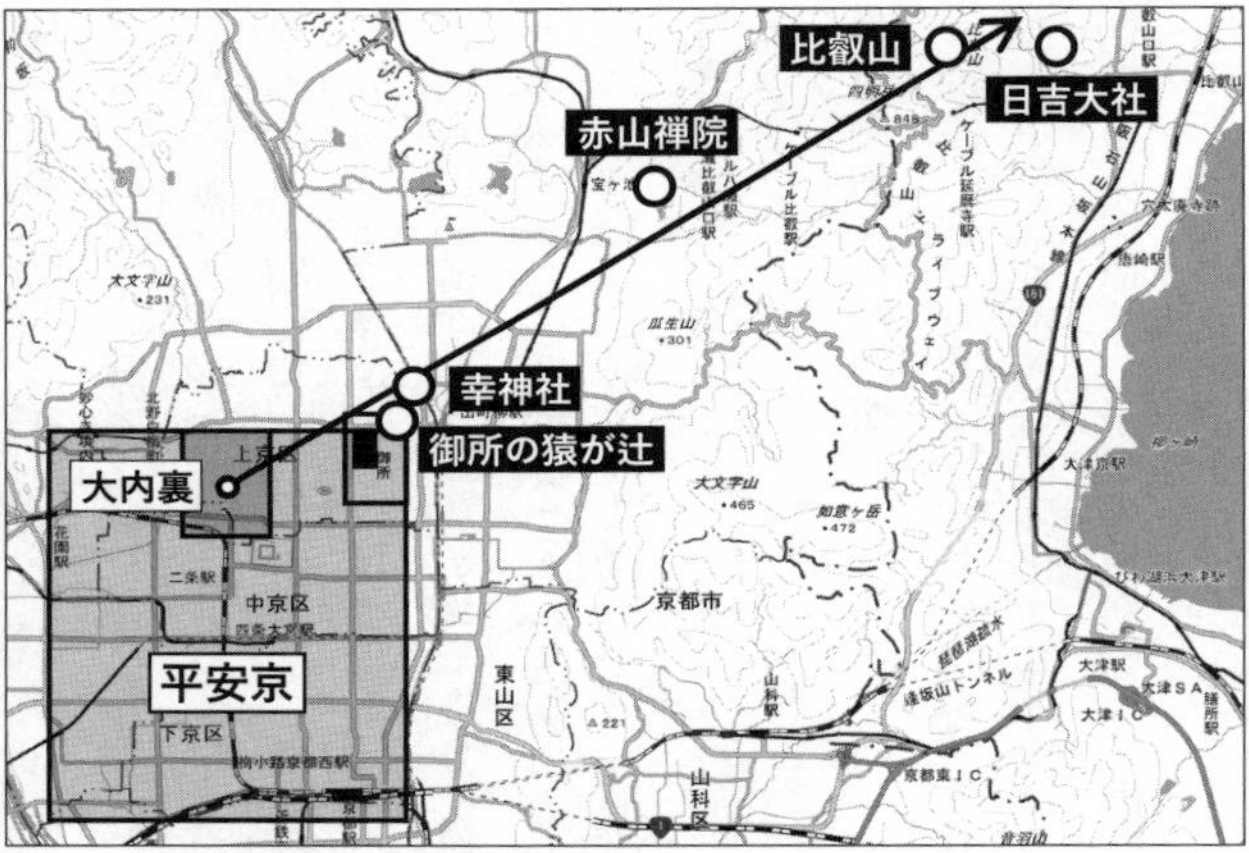

図1-8　重層的な鬼門防衛（国土地理院地図 GSI Mapsに基づき作成）

古来、猿は魔よけの効果がある動物と考えられてきた。猿は日の出に騒ぐので、太陽を招く聖獣と考えられたとの説もある。古代インドに成立したヒンズー教の聖典である『ラーマーヤナ』では、猿は魔物を退治する聖なる存在として登場し、中国の長編小説『西遊記』では、三蔵法師《さんぞうほうし》を助ける神通力を持った孫悟空《そんごくう》として登場する。猿を霊力がある聖獣とみなす考えは、インドや東アジアに広く存在し日本にも伝わったと考えられる。

重層的な鬼門防衛には、いずれも猿が用いられ、御所から日吉大社まで五つの仕掛けが設けられた。既に説明した比叡山延暦寺を除き、これらを順に説明しよう。

（1）御所の猿が辻

鬼門を守る方法として、鬼門の方角の塀などの角《かど》を欠き、へこませることで「角が立たない」ようにして「鬼門自身を消滅させる」方法がある。これを「鬼門角欠《かどかき》」という。

御所の築地塀は北東の角をへこませて欠き、その屋根の下に猿の神像を置き鬼門の守りとしている。これが「御所の猿が辻」である。この猿は烏帽子《えぼし》を被り、御幣《ごへい》（折り曲げた紙の中心を棒で挟み、両側に垂らしたもの）を捧げ持ち、神事に際する礼装をしている。

ただし、猿が辻は平安京の造営時からあったものではない。天明《てんめい》８（１７８８）年に起こった天明の大火で御所が焼失し、再建する際に鬼門角欠が設けられた。したがって、江戸時代に入ってからのもので、御所が東に移動したあとになる。

なお、このように鬼門の角を欠くのは、東本願寺の塀の鬼門や、後述する江戸城の濠《ほり》の鬼門にも用いられており、平安遷都より時代が下ってから、広く用いられるようになった方法と考えられる。

（2）幸神社

次に幸神社《さいのかみやしろ》（京都市上京《かみぎょう》区幸神町《さいのかみちょう》）を見てみよう。ここは京都御苑の北東の隅から少し北にある。

幸神社は、平安京遷都の際に鬼門封じのために桓武により創建されたといわれている。もともとは出雲《いずも》へ向かう街道に面していたが、室町時代から江戸時代に現在の位置に動いたようだ（動いたといっても西に３００メートルくらい移動しただけであるが）。境内《けいだい》には「皇城鬼門除け・出雲路道祖神社」と記された碑があり、当初は「出雲路道祖神社」と呼ばれていた。

主神の猿田彦大神《さるたひこのおおかみ》は、『古事記』に登場する天孫降臨を先導した伊勢《いせ》の地主神である。猿田彦は、猿には霊力があることを象徴する存在と思われる。本殿北東の屋根の破風《はふ》には猿の神像が置かれている。この猿も烏帽子を被り御幣を持っている。

（3）赤山禅院

赤山禅院《せきざんぜんいん》（京都市左京区《さきょうく》修学院開根坊町《しゅうがくいんかいこんぼうちょう》）は、修学院離宮《しゅうがくいんりきゅう》の北、比叡山の山すそに立っている。ここは、紅葉の名所としても知られている。

赤山禅院の由来は以下のようなものである。最澄の高弟である慈覚大師円仁《じかくだいしえんにん》は遣唐使として中国にわたり、山東《さんとう》半島の赤山に立ち寄って明神を拝した。帰途、幾度も暴風雨で遭難しそうになるが、「赤山大明神」に助けられ帰国できたといわれている。赤山大明神は「泰山府君《たいざんふくん》」ともいって、日本ではのちに陰陽道の主祭神となっている。なお、陰陽師の安部晴明はこの明神を用いた泰山府君祭を得意とし、不老長寿を祈禱《きとう》した。

第三代天台座主《ざす》となった円仁はこの赤山大明神を祀ることを発願《ほつがん》するが、生前は果たせず、その遺言によって仁和《にんな》４（８８８）年、比叡山延暦寺の別院として赤山禅院は創建された。赤山禅院の本殿には「皇城表鬼門」の板札がかかり、この寺の役割を宣言している。拝殿の屋根の上には、御幣と鈴を持った猿の神像が置かれている。

（4）日吉大社

日吉《ひよし》大社（滋賀県大津市坂本）は崇神《すじん》天皇7年（およそ２１００年前）の創建と伝わる古社である。

全国には日吉神社、日枝神社、山王《さんのう》神社など、呼び方が異なる神社が３８００社余りあるが、いずれも日吉大社に由来し、ここが総本宮となっている。

日吉大社は比叡山の東の山すそに位置し、日枝山《ひえのやま》（後の比叡山）の神である「大山咋神《おおやまくいのかみ》」を祀っている。後に、大津京鎮護のため奈良の三輪山《みわ》から大己貴命《おおなむちのみこと》を勧請し、共に祀るようになった。
最澄が比叡山延暦寺を開いて以降、大山咋神と大己貴命は天台宗の守護神となり（というより組み込まれ）、「山王権現《ごんげん》」と呼ばれるようになった。日吉大社は京都の鬼門に位置するため、特に方位除けの神として信仰を集めて現在に至っている。

日吉大社の使いは猿であり、神社を守る猿にまつわるエピソードが数多く残されている。猿は、もともと山の守り神と考えられていたので、山の神である大山咋神とシンクロしたとも考えられる。西本宮の楼門の四隅には軒を支える4匹の猿が配されている。

このように、御所の猿が辻～幸神社～赤山禅院（延暦寺塔頭《たっちゅう》）～比叡山延暦寺～日吉大社に至る鬼門の方角には、猿をキーワードとした重層的な霊的防衛装置が配されている。猿は、日吉大社が元になっており、各寺社はそれにならい、猿を用いたと考えられる。

この中で、赤山禅院、比叡山延暦寺は平安初期に創建され、しっかりと天台のリンクが張られていた。

●裏鬼門には何があったのか

裏鬼門（坤＝南西）の方角の霊的防衛についても触れておきたい。

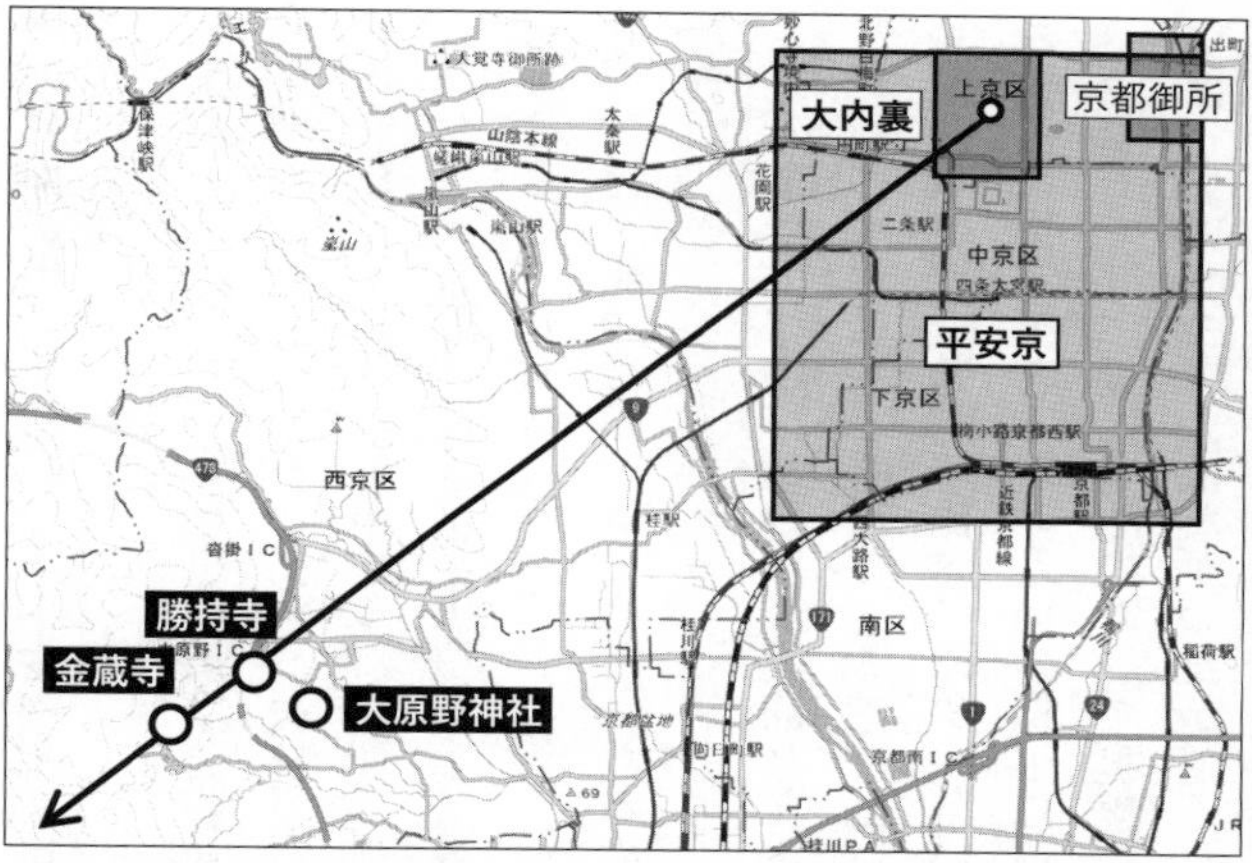

図1-9 裏鬼門の霊的防衛の候補（国土地理院地図 GSI Mapsに基づき作成）

平安京の裏鬼門の霊的防衛をどの寺社が担っていたかはよく分かっていない。裏鬼門についての明確な資料がないところを見ると、そもそも裏鬼門の考えは平安遷都の時点では、なかったか、それほど重視されなかった可能性が高い。

しいて裏鬼門の候補を挙げるとすると、まず考えられるのは図1-9に示す「勝持寺《しょうじじ》」（京都市西京《にしきょう》区大原野南春日町《みなみかすがちょう》）である。

ここは、ほぼ平安京の南西の方角に当たっている。勝持寺は飛鳥《あすか》時代に遡ることができる古刹《こさつ》であり、延暦10（791）年に桓武天皇の勅命により最澄が再建したと伝えられている。勝持寺は平安京遷都の数年前に再建された天台宗の寺院で、当事者に桓武天皇と最澄の名前が出てくるので、平安遷都を見越してこの寺を整えたのではないかと想像を逞《たくま》しくすることもできる。

また、「金蔵寺《こんぞうじ》」（京都市西京区大原野石作町《いしづくりちよう》）も裏鬼門の方角にあり、桓武がここに経典を埋めたともいわれるので、候補として挙げていいかもしれない（金蔵寺については、岩倉《いわくら》のところで改めて説明する）。

なお、大原野神社（京都市西京区大原野南春日町）を裏鬼門の守りとする説がある。ただし、ここは、延暦３（７８４）年桓武によって行なわれた長岡京遷都の際に、奈良春日大社の分霊を祀ったのがはじめとされるので、時期的に平安京との関係は薄いと見てよいだろう。

このように、幾つかの寺が候補となるものの、表鬼門に比べて裏鬼門には「これがそうだ」と、はっきりと断言できる寺社は見当たらない。

裏鬼門は、表鬼門と比べて印象が薄い感は否めない。江戸では表鬼門同様に裏鬼門を守る寺社を特定できるが、だいぶ様子は違っている。

陰陽道では、後に鬼門に準じて裏鬼門も重要視されるようになったが、平安遷都の段階では、裏鬼門の考えはなかったか、それほど重視されなかったと考えていいだろう。

●大将軍――荒ぶる鬼神の召喚

桓武は比叡山を中心とした鬼門を守る寺社に加え、「大将軍《たいしょうぐん》」（「将軍塚《づか》」と「大将軍神社」）と「岩倉」の二つの霊的防衛装置を設けたといわれている。これらは、特定の方角を守るものではなく、都を取り囲み四方を守ることを意図したものと考えられている。

まずは、将軍塚と大将軍神社から見ていこう。

そもそも「大将軍」とは、中国の陰陽説において方位を司る八将神《はっしょうじん》のひとりであり、魔王天王とも呼ばれる荒ぶる鬼神である。大将軍は太白《たいはく》（金星）の精とされ、3年ごとに四方を巡り、この方向は「3年塞がり」と呼ばれた。桓武はこの大将軍の強い霊力に期待し、都の守りとすることを考えた。

後に大将軍は『古事記』に登場する素戔《すさ》嗚尊《のおのみこと》（以下スサノオと記す）と習合し、大将軍＝スサノオと考えられるようになった。

また、スサノオは牛頭天王《ごずてんのう》とも同体視されている。京都祇園《ぎおん》にある八坂《やさか》神社は、もともとは「祇園社」と呼ばれていたが、明治の神仏分離令によって八坂神社と改められ、祭神はスサノオに一本化された。しかし、それまでの祭神は、スサノオ＝牛頭天王であった。「牛頭天王はインドにある寺院、祇園精舎《しょうじゃ》の守護神で、朝鮮半島を経由し京都に鎮座した」と祇園社には伝わるが、牛頭天王は日本古来の神仏習合の神であり、出所は定かではないと考えられている。

以上から次の構図が成り立つ。

大将軍＝スサノオ＝牛頭天王

荒ぶる神であるところが、大将軍、スサノオ、牛頭天王が同体視されるキーワードであろうか。

桓武は遷都に際し、東山の長楽寺《ちょうらくじ》峯《みね》頂上に大将軍を祀り、都の守りとした。これが、将軍塚（京都市山科区厨子《ずし》奥《おく》花鳥町《かちょうちょう》）である。将軍塚は平安京の中心を東西に通る四条通りのちょうど東の延長線上に位置している。現在、この場所は天台宗の青蓮院《しょうれんいん》の飛び地となり、大正《たいしょう》時代、北野天満宮前に建てられた青龍《せいりゅう》殿が平成26（２０１４）年ここに移築され、「天台宗青蓮院門跡将軍塚青龍殿」となっている。

将軍塚青龍殿によると、将軍塚の由来は次のようなものである。

桓武天皇は、都の鎮護のために高さ2・5メートルほどの将軍の像を土で作り、鎧《かっ》甲《ちゅう》を着せ鉄の弓矢を持たせ、太刀《たち》を帯びさせ、塚に埋めるよう命じられました。これが、この地を「将軍塚」と呼ぶ由来です。この「将軍塚」は、国家の大事があると鳴動したという伝説が、『源平盛衰記《げんぺいせいすいき》』や『太平記《たいへいき》』に残されております。

この将軍塚に加え、桓武は都の四方に大将軍神社を配したといわれている。大将軍神社はどの神社か諸説あるが、以下の各社が挙げられることが多い。

東　大将軍神社東三條社
西　大将軍八《はち》神社
南　藤森《ふじのもり》神社大将軍社
北　西賀茂大将軍神社

図1-10には将軍塚と大将軍神社を示すが、以上に挙げた大将軍神社はきれいに都を囲んで配置されてはいない。また都の四方を守るのか、大内裏の四隅を守るのかも、はっき

りしない。以下ではこの点に注意して各神社を見てみたい。

（1）大将軍神社東三條社

東の大将軍神社は、大将軍神社東三條社（京都市東山区三条大橋東三丁目下ル長光町《ながみつちょう》）と考えられている。ここは、南禅寺《なんぜんじ》の西、地下鉄東西線の三条京阪《けいはん》駅から少し東に歩いた町中にあり、都の東に位置している。

この神社は、古くは鵺《ぬえ》（頭は猿、胴体は狸、手足は虎、尻尾は蛇の妖怪）が住んだ「東三条の森」の中にあったといわれるが、いま森はない。大将軍神社東三條社の祭神はスサノオである。

社伝による由来は以下のようなものである。

桓武天皇が平安京を造営した際、大内裏鎮護のため、四方四隅に祀られた大将軍神社の内、東南隅のひとつである。特に平安京東のこの地は、三条口の要地にあたり邪霊の侵入を防ぐ意を以て重要視されてきた。このあたりに建てられた藤原兼家《かねいえ》邸は、応《おう》仁《にん》の乱で廃壊したが、境内に東三條社として名跡を留めている。また、樹齢８００年

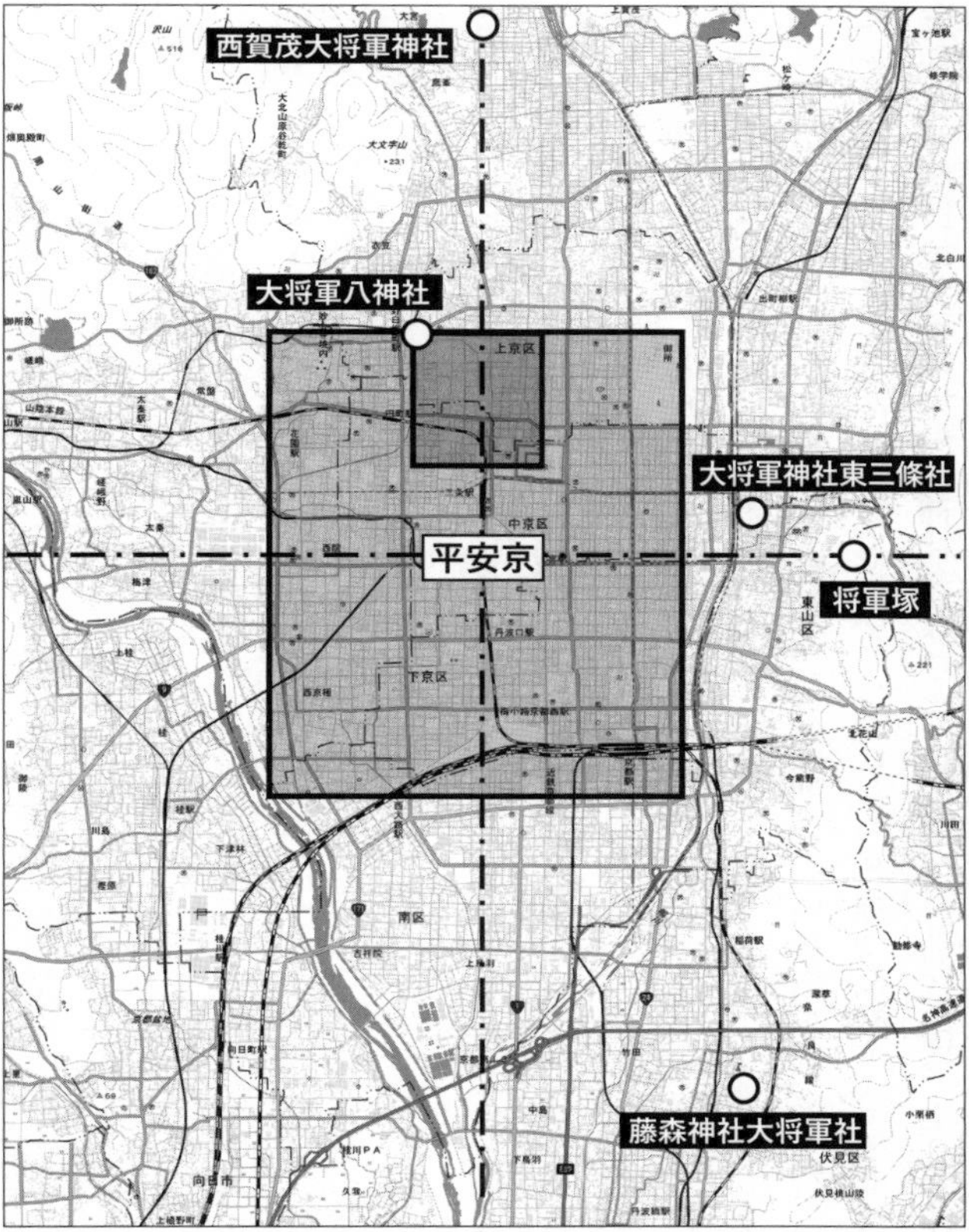

図1-10　将軍塚と大将軍神社の配置

（国土地理院地図 GSI Mapsに基づき作成）

と伝える銀杏《いちょう》の大樹があり、かつては鵺の森とも呼ばれ、源頼政《みなもとのよりまさ》の鵺退治の伝説を偲ばせる。

ここで語られているのは、この神社が都の東にあることではなく、大内裏の巽《たつみ》（南東）の方角に位置することである。

(2) 大将軍八神社

西の大将軍神社は大将軍八神社（京都市上京区一条通御前西入《おんまえにしいる》）であると考えられている。ここは、北野天満宮《きたのてんまんぐう》の少し南、天神川《てんじん》の東に位置しており、大内裏の乾《いぬい》（北西）の隅に位置している。

大将軍八神社は、京都で最も規模の大きい大将軍神社であり、平安京遷都の際に桓武が大和《やまと》春日山山麓から大将軍を勧請したことが始まりとされる。当初の社号は「大将軍」であり、「祇園社」「日吉大社」「下鴨《しもがも》神社」と同列の高い神格を有していた。

その後、スサノオとその御子である5男3女の8神（これを八王子《はちおうじ》という）が、さらに暦神八神が習合して大将軍八神社となった。境内の方徳殿《ほうとくでん》には、100体余りの木造大将軍神像が収蔵されており、これは見応えがある。

(3) 藤森神社大将軍社

南の大将軍神社は藤森神社大将軍社（京都市伏見区深草鳥居崎町《ふかくさとりいざきちょう》）と考えられている。この大将軍社は、京都市伏見区の藤森神社の境内に建っている摂社《せっしゃ》であり、平安京の東端を南に延長した線上に位置している。

藤森神社にはスサノオ、応神《おうじん》天皇、神功《じんぐう》皇后などが祀られているが、もともとは伏見《ふしみ》稲荷《い なり》大社の地にあったと伝えられ、稲荷大社の創建に伴って現在の地に移ったようだ。伏見稲荷の創建は和同《わどう》4（711）年なので、藤森大将軍社は平安遷都より前に藤森神社の中に既にあったと考えられ、桓武がこの地に動かしたものではない。

藤森神社大将軍社の祭神は大将軍ではなく、磐長姫命《いわながひめのみこと》だ。磐長姫命は富士山の神となる木花之佐久夜毘売命《このはなのさくやびめのみこと》の姉で、飛び抜けて美人であった妹に比べ、磐のように醜《みにく》かったといわれている。『日本書紀』には、磐長姫命は妊娠した木花之佐久夜毘売命を嫉妬して呪ったとの記述が見られ、これが人の命が短いことの理由とされている。寿命を司る荒ぶる神のキャラクターから、大将軍と習合したのだろう。

(4) 西賀茂大将軍神社

最後に北を見てみよう。北の大将軍神社は、西賀茂大将軍神社（京都市北区西賀茂角社《すみやしろ》町《ちょう》）と考えられている。ここは、朱雀大路の北の延長線上、京の真北に位置している。

この神社の創建は推古《すいこ》天皇17（609）年とされ、桓武天皇の平安京造営に際し、京都の四方に「大将軍神社」を祀った内のひとつと伝えられる。ここの祭神も磐長姫命である。

以上が京都の主要な大将軍社だが、図1―10に示した各神社の配置には疑問が残る。大将軍は都の「東・西・南・北」を守るのか、それとも大内裏の「北東・南東・南西・北西」を守るのかも、はっきり分からない。

怨霊を恐れること尋常でなく、完璧を期す桓武の性格から考えると、大将軍はもっと幾何学的な配置となってもいいように思われる。

藤森神社大将軍社（南の大将軍）と西賀茂大将軍神社（北の大将軍）の創建は平安遷都より古いため、桓武との関係は薄いと考えた方がいいだろう。また、藤森神社大将軍社は平安京の中心を通る南北軸から大きく東にずれていること、西の方角には大将軍神社が存在しないことを勘案すると、大将軍は都の東西南北を守るとの考えは根拠が薄い。

大将軍関係で相対的に確度が高いのは「将軍塚」「大将軍神社東三條社」「大将軍八神社」の３カ所であり、表鬼門（北東）と裏鬼門（南西）の方角には大将軍神社は見当たらないので、大将軍は大内裏の北西／南東ラインを守るために設けられたと考える方が妥当だろう。

あるいは、「大将軍神社東三條社」も除いて考え、「将軍塚」は都全体を守り「大将軍八神社」は大内裏の天門（乾＝北西）の方角を守ると考えた方がいいのかもしれない。なお、日本古来の重要な方角である天門は第３章で改めて説明する。

●岩倉——巨石のパワーと経典のパワーの相乗効果

岩倉は日本古来の「巨石信仰」と仏教のハイブリッドだ。

古代人は、自然界のすべてのものに霊が宿ると考えた。これが「アニミズム」といわれる考え方で、特に巨石は霊が宿る神聖なものとして古くから信仰の対象とされてきた。現在も紀伊《きい》半島では熊野速玉大社《くまのはやたまたいしゃ》をはじめ多くの場所で、人々が崇《あが》めた巨石を目にすることができる。この巨石信仰の対象は「磐座《いわくら》」と呼ばれた。

桓武は平安京遷都に当たり、磐座に仏教の経典を埋め、都の四方に結界を張ることを考えた。このため、もともと都の周辺にあった四つの磐座を選び、その下に「一切経《いっさいきょう》」（仏教の多くの経典を集成したもの）を埋めたといわれている。磐座のアニミズム的パワーとありがたい経典のパワーの相乗効果を目論《もくろ》んだといえようか。これが「岩倉」である。

岩倉がどこにあるか諸説があるが、最も有望な場所は以下の通りである。

東の岩倉　大日山《だいにちやま》
西の岩倉　金蔵寺
南の岩倉　男山《おとこやま》
北の岩倉　山住《やまずみ》神社

図1－11に見るように、以上の岩倉を結ぶと平安京を囲む四角形が現れて、確かに結界となっている。この点からは、大将軍神社より岩倉の方が説得性が高いといっていいだろう。

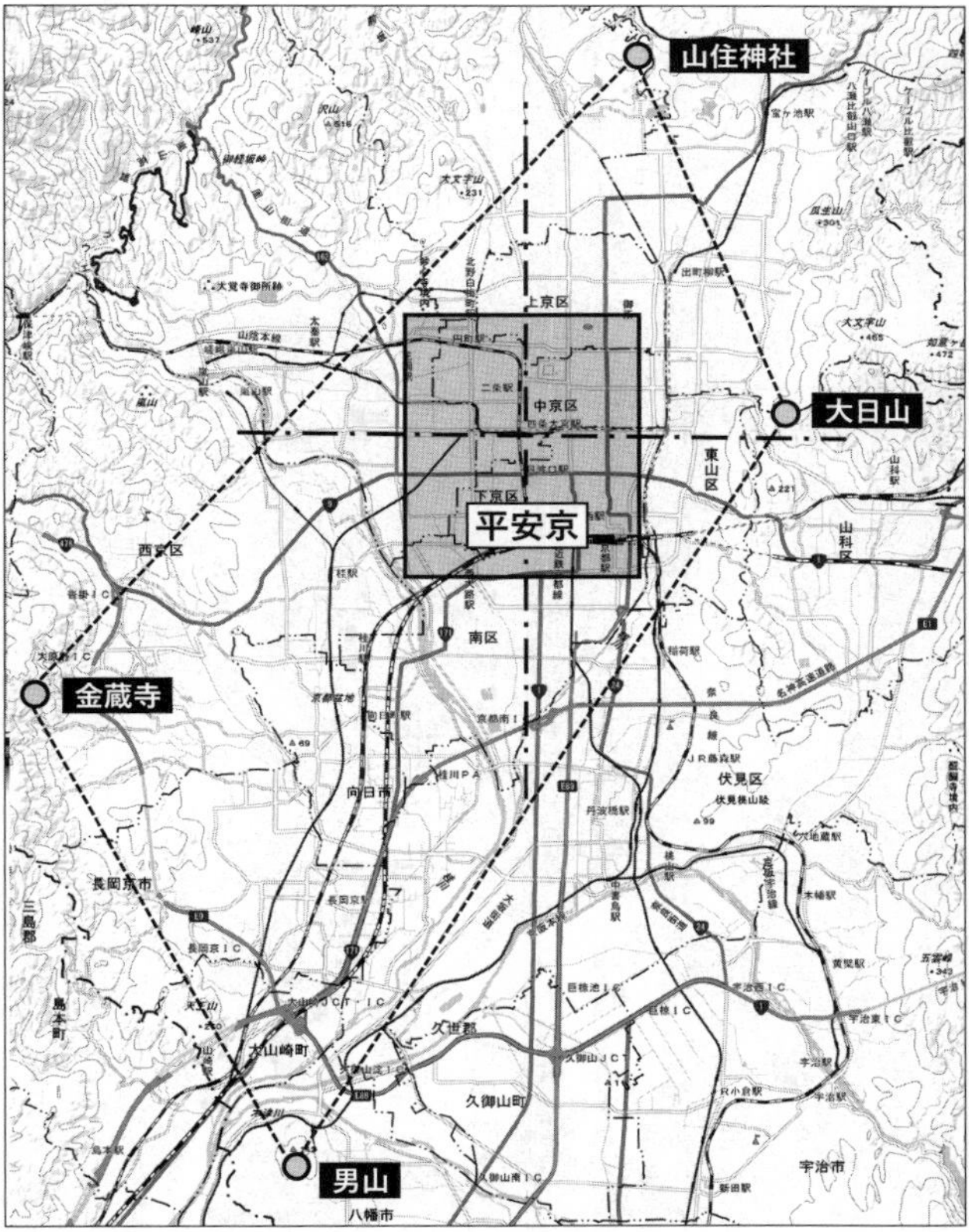

図1-11　岩倉の配置（国土地理院地図 GSI Mapsに基づき作成）

（1）東の岩倉（大日山）

東の岩倉は大日山（京都市山科区《やましな》）にあるといわれている。ただし、一切経を埋めた位置は分かっていない。

大日山は旧名を「観勝寺山《かんしようじざん》」あるいは「東岩倉山」といい、三条大路の東の延長線上、市営地下鉄東西線の蹴上《けあげ》駅の東方にある。なお、行基《ぎようき》がこの地に建てたといわれる観勝寺は応仁の乱で焼失して現存しない。

また、大日山には「日向大神宮《ひむかいだいじんぐう》」（京都市山科区日ノ岡一切経谷町《ひのおかいつさいきようだにちよう》）が建っている。この地名が「一切経谷町」であることは注目される。日向大神宮は「京のお伊勢さん」と呼ばれ、天照大御神《あまてらすおおみかみ》や瓊々杵尊《ににぎのみこと》を祀っている。境内には、降臨した神が座した影向石《ようごういし》や天の岩戸があり、岩との関係が深い。大日山は古くから神聖な山とされ、現在はパワースポットとなっている。大日山には多くの岩があり、岩倉に選ばれた理由と考えていいだろう。

（2）西の岩倉（金蔵寺）

西の岩倉は金蔵寺（京都府京都市西京区大原野石作町）であることは間違いないといわれ

ている。

金蔵寺は、山号を「西岩倉山」と称する天台宗の寺院である。寺の由来によると、金蔵寺は養老2（718）年に元正《げんしょう》天皇の勅命《ちょくめい》により、隆豊《りゅうほう》禅師が開祖となり創建された。桓武はここに一切経を埋めて西の岩倉とした際、「西岩倉山」の山号を与えたと伝えられている。

境内には「御経塚《おきょうづか》」があるが、これは天平《てんぴょう》元（729）年に聖武天皇が自ら写経した「華厳経《けごんきょう》」を埋め、後に発見された場所である。したがって、桓武の発願した岩倉とは直接の関係はないが、天皇が経典を埋めた先例があることは注目していい。桓武が一切経を埋めた場所は、山上との説や本堂の下との説などあるようだが、定かではない。

（3）南の岩倉（男山）

南の岩倉は男山（京都府八幡《やわた》市）にあるといわれている。男山は京都盆地の南の方角に望める、京都に住む人間には大変身近な山である。男山のどこに一切経が埋められたかは分かっていない。

男山の山頂には「石清水八幡宮《いわしみずはちまんぐう》（京都府八幡市八幡高坊《たかぼう》）」が建っている。この宮は貞《じょう》観元《がん》（859）年に九州豊前国宇佐《ぶぜんのくにうさ》の「宇佐八幡宮」を勧請したもので、本家の宇佐八幡宮をしのいで天皇家からは「二所宗廟《にしょそうびょう》」として厚く崇敬を受けた。二所宗廟とは皇室の祖先を祀る霊廟であり、伊勢神宮と石清水八幡宮の2カ所をいった。この宮の格は極めて高い。なお、祭神の八幡神については第3章神田明神（将門）の項で改めて触れる。

石清水八幡宮は桓武が岩倉を定めた時にはまだないが、男山は神聖な場所となるべきポテンシャルを持っていると考えていいだろう。

（4）北の岩倉（山住神社）

北の岩倉は山住神社（京都市左京区岩倉西河原町《にしがわらちょう》）であるといわれている。この場所は比叡山の西、岩倉川のそばにあり、地名の「岩倉」はここが北の岩倉であることを示唆《しさ》している。

山住神社に本殿はなく、吹きさらしの拝殿があるのみだ。ご神体は、ここから仰ぐ「神南備山《かんなびやま》」と巨石であり、ここからの景色は厳《おごそ》かな雰囲気に満ちている。神南備山は古くから信仰の対象となっており、一切経はこの山に埋められているといわれているが、場所は分からない。

山住神社は、各岩倉の候補の中で、ビジュアル的には最も説得力のある場所である。

以上が岩倉の候補であるが、「四つの岩倉を結ぶラインで平安京をカバーできること」「聖武天皇が華厳経を金蔵寺に埋めた先例があること」「岩倉と考えられる各場所は由緒ある寺社が立つ聖地であること」から、岩倉の存在は十分あり得ると考えられる。

また、大日山（東の岩倉）には「一切経谷町」という地名があり、金蔵寺（西の岩倉）は「西岩倉山」と称し、山住神社（北の岩倉）の建つ地名は「岩倉」であることなど、各候補地の地名は岩倉の存在に説得性を与えている。

四つの岩倉とも一切経を埋めた具体的な場所ははっきりしないが、これは一度経典を埋めてしまえば継続的なフォローは行なわれず、忘れられる可能性が高いためかもしれない。四つの岩倉とされる位置は、きれいな配置とはなってはいないが、信仰の対象となってきた巨石を京都盆地の周辺で、あちこち探したためと考えれば納得できる。

●平安京の霊的防衛全体像

ここまで見てきたことを、図1－12にまとめてみよう。

平安京は風水の理想的地相であることから選ばれたが、桓武とその後継者は、仏教、神道、陰陽道などあらゆる霊的な手段を総動員し、平安京と大内裏を守ろうとしたことがよく分かる。

その中で、特に鬼門の霊的防衛に多くのエネルギーが使われ「幸神社」「赤山禅院」「比叡山延暦寺」「日吉大社」など多くの寺社が動員され、この主体は天台宗が担っていた。

一方、裏鬼門に関しては、そもそも考えられていなかったか、あまり重視されていなかったといっていいだろう。

また、四方を守ることや結界を張ることも考えられ、大内裏あるいは平安京のまわりには大将軍や岩倉が配置されていた。

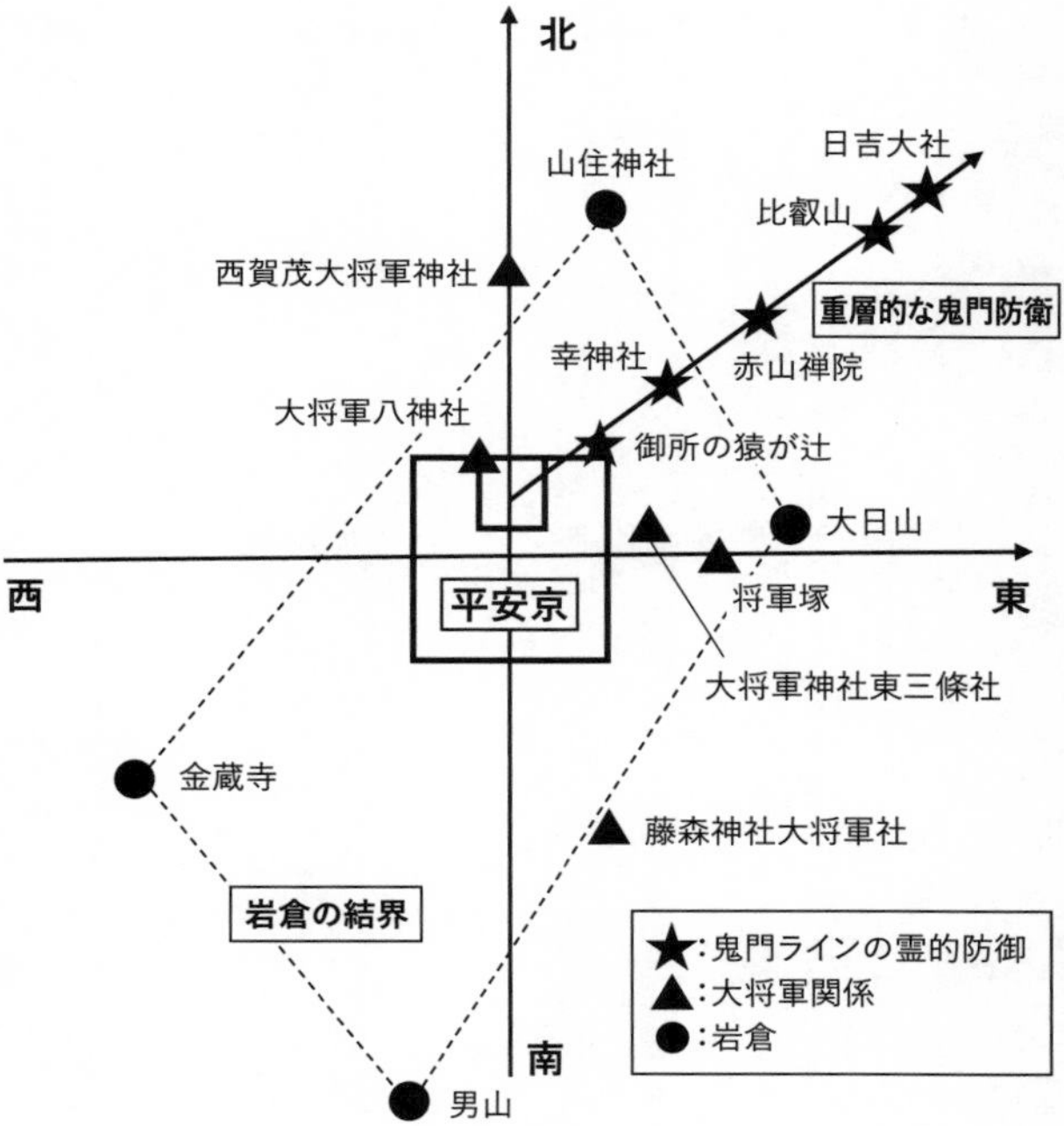

図1-12　平安京の霊的防衛全体図

第2章

江戸の地形

●起伏に富んだ江戸の地形

いよいよ本書のメインテーマである江戸の霊的防衛について見ていきたい。また、もうひとつの重要な切り口である江戸の地形についても、あわせて見ていきたい。

両者は別々のものではなく、地形を検討することで、神社仏閣の配置などの理解がより深まると考えられる。まずは、江戸の地形から始めよう。

家康が江戸に入った天正《てんしょう》18（1590）年よりはるか以前、約7000年前の縄文《じょうもん》時代の関東平野は図2-1のようになっていた。この時、現在の山の手エリアは陸上にあったが、下町エリアは海の下にあり、今の東京湾よりもはるかに面積の大きな「奥東京湾」が関東平野の奥深く、埼玉県の川越《かわごえ》、栗橋《くりはし》あたりまで入り込んでいた。

このため、図2-1の海岸線を見て「縄文時代の海面は現在より30〜40メートルも高かった」といわれることがあるが、これは誤解である。

確かに、縄文時代の8000〜5000年前頃、現在より気温が高く北極などの氷が溶け出して海水面が高かった。これを「縄文海進《かいしん》」と呼ぶ。関東平野で縄文人は海に面する場所に集落を造り、漁をして生活を営んでいた。ふんだんに採れた貝の殻を捨てた場所が「貝塚」で、大森《おおもり》貝塚など多くの貝塚が台地の縁《へり》に見つけられている。

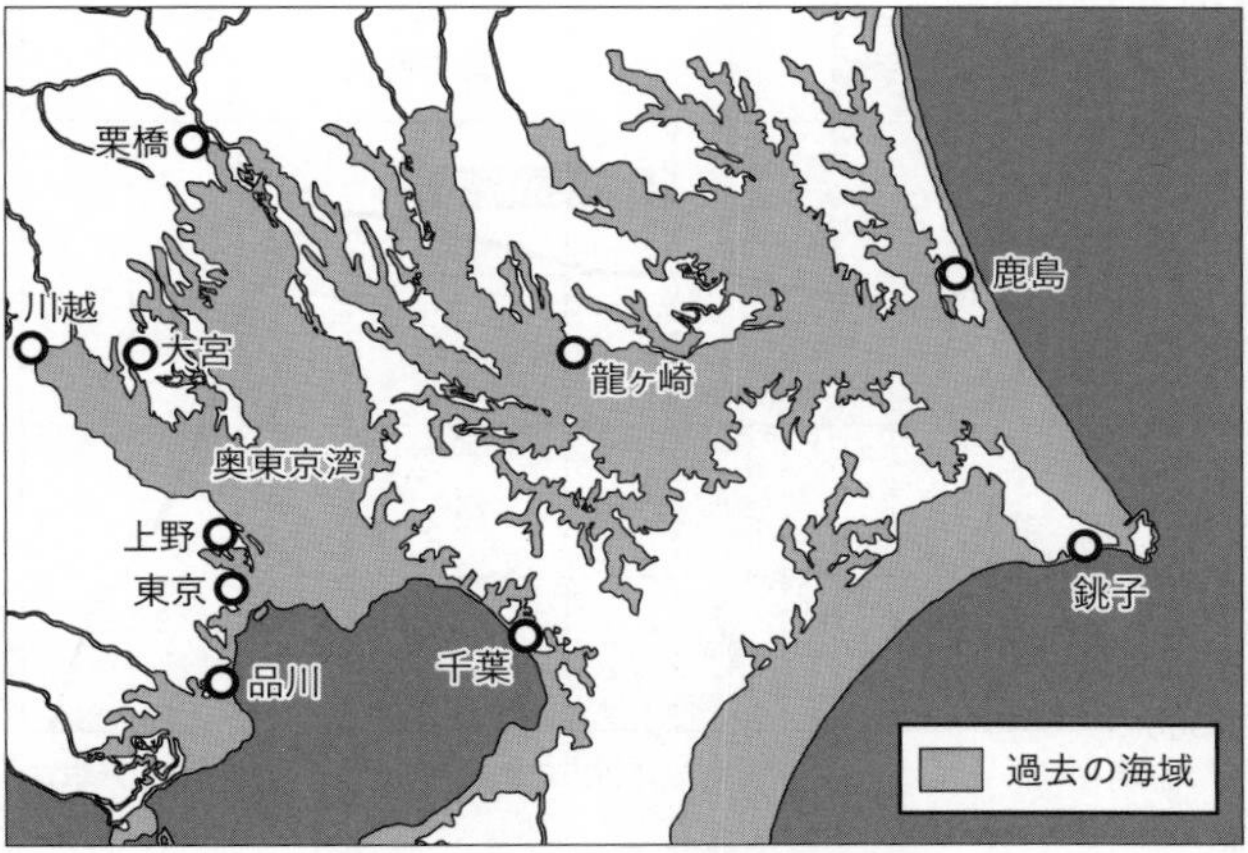

図2-1　7000年前頃の関東平野
（『日本の地形 4関東・伊豆小笠原』中の東木《1926年》による海岸線図に奥東京湾の位置を加筆）

図2-2には、1万年前から現在までの海面の高さの変化を示した。この図から分かるように、約7000年前には海面が現在より5メートル程度高かったが、それ以上の海面差があったわけではない。

約7000年前の海岸線と現在の海岸線の大きな相違は、主に利根《とね》川や荒《あら》川の堆積《たいせき》効果（河川が運ぶ土砂が下流に運ばれ溜まること）により、奥東京湾が埋められて陸化が進んだことが原因で、これに、富士山などの噴出による火山灰が堆積したこと、地盤が隆起したことなどが加わって生じたと考えられている（松田磐余《まつだいわれ》『対話で学ぶ江戸東京・横浜の地形』）。

また、後に述べるように江戸時代以降は

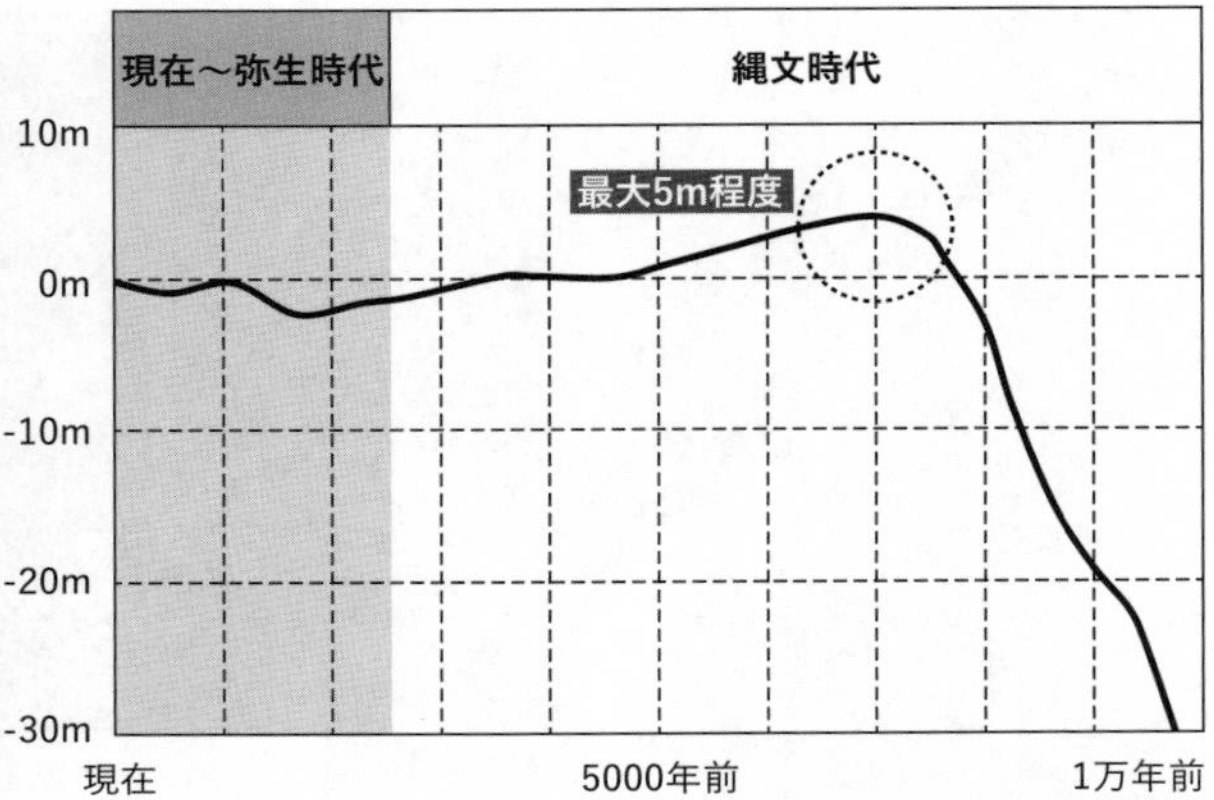

図2-2　最近1万年間の海面変動
（松田磐余『対話で学ぶ江戸東京・横浜の地形』の掲載図に基づき作成）

人の手による埋め立ても加わっている。7000年前と現在で大地が変化しないと考えると、海岸線の変化の理由を海水面の変動だけに求めることになり「縄文時代の海面は現在より30〜40メートルも高かった」との結論に至ってしまうが、このような理解は正しくない。

土地は生き物で、常に変化し動いていることに注意が必要だ。

いずれにしても、縄文時代から陸地であった山の手台地と、海の下にあった下町低地の関係が江戸・東京の地形を考える上で大きなファクターとなっている。

図2-3には現在の東京の地形図を示す。台地と低地の境界には、品川《しながわ》駅〜上野《うえの》駅〜

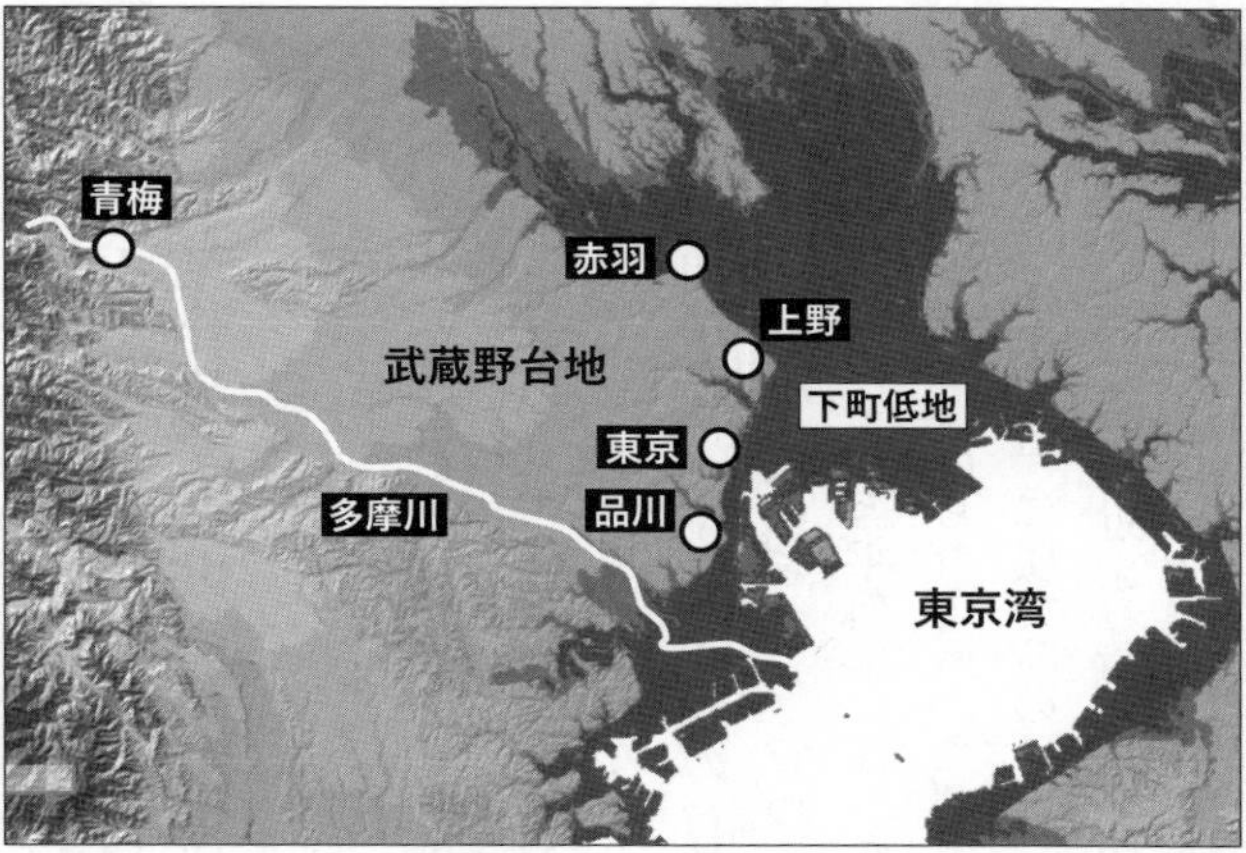

図2-3　東京の台地と平地（国土地理院地図 GSI Mapsに基づき作成）

赤羽《あかばね》駅と続くＪＲ京浜《けいひん》東北線が走っており、これより東側の下町エリアは昔、奥東京湾の海だった。武蔵野《むさしの》台地の東側の崖は、海によって削られた「海食崖《かいしょくがい》」であり、上野駅から赤羽駅に向かう車中の左手には、この切り立った崖が連続するのを目にすることができる。

『濹東綺譚《ぼくとうきたん》』で有名な明治生まれの文豪、永井荷風《ながいかふう》は大正時代の東京町歩き本『日和《ひより》下駄《げた》』の中で、この崖をこう述べている。

> 上野から道灌《どうかん》山飛鳥《あすか》山にかけての高地の側壁は、崖の中で最も偉大なものであろう。

荷風が偉大な崖と呼んだ海蝕崖は、たしかに長くてはっきりと連続している。この崖に沿っては、上野寛永寺から北西に向かい、谷中《やなか》墓地、谷中銀座《ぎんざ》、諏方《すわ》神社、西日暮里《にしにっぽり》の切り通し、平塚《ひらつか》神社、飛鳥山公園、王子稲荷、名主《なぬし》の滝公園、稲付城跡《いなつけじょうせき》（静勝寺《じょうしょうじ》）、赤羽八幡《はちまん》神社などの名所がぎっしり並んでいる。台地と低地を繋ぐ諏方神社の階段（日暮里地《じ》蔵《ぞう》坂：荒川区西日暮里）など、この崖には美しい階段や坂道も数多く、絶好の町歩きエリアとなっている。やはり、台地の縁は面白い。

さて、もうひとつ基本的な事項を確認しておきたい。

それは、東京には山が無いことだ。

詳しい説明は省略するが、東京の台地（武蔵野台地）は、地質学的には「下末吉面《しもすえよしめん》」と「武蔵野面」の2種に分類される（貝塚爽平《かいづかそうへい》『東京の自然史』）。「下末吉面」は12〜13万年前に存在した古東京湾の海底の地層が海水面の低下に伴って陸化し、その後河川に削られて残った部分と考えられている。

東京で「下末吉面」に属するのは、「淀橋《よどばし》台」「荏原《えばら》台」「田園調布《でんえんちょうふ》台」の三つである。

淀橋台は、高井戸《たかいど》付近より東側の神田川と目黒《めぐろ》川に狭まれた台地で、渋谷《しぶや》区・港《みなと》区の大部分、新宿《しんじゅく》区・千代田《ちよだ》区・世田谷《せたがや》区の一部が含まれる。後に述べる江戸城は淀橋台の縁に立っている。淀橋台は大きいので、場所場所で「麻布台《あざぶ》」「麴町台《こうじまち》」などと呼ばれている。

荏原台は、祖師ケ谷大蔵《そしがやおおくら》付近から東側の台地で自由《じゆう》が丘《おか》や大岡山《おおおかやま》などが含まれる。田園調布台は田園調布周辺の小さな台地である。

一方の「武蔵野面」は、昔の多摩川《たま》が青梅《おうめ》あたりを起点にして様々に流路を変え、下末吉面の周辺を埋めていった扇状地《せんじょうち》に由来すると考えられている。図2‒3に示したように、今の多摩川は青梅から東京都と神奈川県の境界を流れているが、古くは流路が様々に変わって流れ、北は川越あたりまでの広い部分が多摩川による扇状地となっている。

東京で武蔵野面に属するのは「豊島台《としま》」「目黒台」「久《く》が原台《はら》」などである。豊島台は、神田川以北の台地で、この内、上野から赤羽に続く台地と本郷《ほんごう》を含む台地を合わせて「本郷台」と呼ぶ。目黒台は、目黒川以南の淀橋台と荏原台に狭まれた台地である。久が原台は、田園調布台に続く、多摩川以北の台地である。

このように、武蔵野台地を構成する二つの面（下末吉面と武蔵野面）の成り立ちは異なっているが、いずれにしても、もともと海だった場所が陸化しているので厳密な意味で東京に山はない。あるのは、江戸時代に尾張《おわり》藩下屋敷の庭園に造られた箱根山《はこね》（新宿区戸山《とやま》）

のような築山《つきやま》か、三方あるいは四方が河川や海で削られた武蔵野台地の残りである。花房《はなぶさ》山、池田《いけだ》山、島津《しまづ》山、八《や》ツ山、御殿《ごてん》山からなる城南五山は有名だが、これも下末吉面に属する淀橋台が河川と海の浸食作用によってきれいに削られ、あたかも山のような地形となったものである。このように、山と見立てることのできる地形は無数にあり、東京の町歩きを楽しくする大きな要因となっている。

なお、下末吉面の方が武蔵野面より形成された年代が古く、浸食をより長い時間受けている。このため、下末吉面に属する「淀橋台」「荏原台」「田園調布台」の方がより起伏に富んでいる。港区あたりを歩くと坂道が多く目に付くのは、ここが淀橋台だからである。

●江戸時代以前の江戸

家康は天正18(1590)年、江戸に入った。この時の江戸は一面に葦《あし》の繁る寂しい寒村だったといわれることが多い。しかし、じつは、家康の江戸入りより400年以上前から江戸は栄えていた。江戸が寂《さび》れた寒村だったといわれるのは、ゼロから江戸の町を造ったとした方が、家康の偉大さをいっそう強調できるためである。

もともと、江戸は平安末期に秩父平氏《ちちぶへいし》の一族が支配していた。この当主であった江戸重《しげ》継《つぐ》以降、一族は江戸氏を名乗ったといわれている。

治承《じしょう》4（1180）年源頼朝《よりとも》の挙兵に際し、江戸重継の息子、重長《しげなが》は平氏に属するため、はじめは頼朝に敵対していたが、後に降伏し鎌倉《かまくら》幕府の御家人《ごけにん》となった。江戸重長は古隅田《ふるすみだ》川など江戸エリアの水運を支配し、「八カ国の大福長者」と呼ばれるほどの勢力を誇っていた。重継、重長の館は後に徳川が整備した江戸城の本丸周辺といわれている。

そもそも、江は「海や湖の一部が陸地に入り込んだところ」、戸は「入口」を意味する言葉なので、江戸の地形にはぴったりの呼び名である。したがって、江戸氏がいたから江戸と呼ばれたのではなく、江戸の地形にちなんで秩父平氏は自らを江戸氏と名乗ったことになる。

後に江戸氏は鎌倉幕府と争って衰退し、15世紀になると藤原家に連なる名門上杉《うえすぎ》家が関《かん》東管領《とうかんれい》となり、越後《えちご》（新潟）、上野《こうずけ》（群馬）、武蔵《むさし》（東京都と埼玉）、相模《さがみ》（神奈川）の四カ国を支配した。なお、関東管領とは鎌倉府（室町幕府が設けた東国を支配するための統治機関）のトップである鎌倉公方《くぼう》を補佐する役職のことをいった。

上杉家は強大な力を誇ったが、後に4家に分裂し、最終的に山内《やまのうち》上杉家と扇谷《おおぎがやつ》上杉家の二家が残った。この扇谷上杉家の四代目の家宰《かさい》（当主の代理であると共に家臣の筆頭）

が太田道灌《おおたどうかん》である。

戦国時代になると関東の政情も不安定になり、鎌倉公方と関東管領上杉家との争いや、上杉家内部の争いなど、室町幕府も巻き込んだ複雑かつ長期の戦乱が始まった。これを「享徳の乱《きょうとくのらん》」という。この乱のさなか、扇谷上杉家は戦略上の拠点である江戸に城を築くことにした。江戸城は長禄《ちょうろく》元(1457)年に完成し、太田道灌はここを任され拠点とした。

城の位置は江戸氏が築いた館の位置と重なり、家康の江戸城に引き継がれたと考えられている。江戸城は「子城《ねじょう》」「中城《なかじょう》」「外城《とじょう》」の三重構造を有し、まわりには水堀が巡らされていた立派な造りで、「関東の名城」と賞賛されたと伝えられている。

道灌は本丸に当たる子城に自身の館である静勝軒《せいしょうけん》を建てここに住んだ。なお、城に石垣が築かれるのは、戦国時代の末期以降であり、道灌の城は淀橋台の東の縁の地形をたくみに生かし、一部を改変するなどして築いたものである。また、道灌は江戸城の守りとして山王社《さんのうしゃ》、平河《ひらかわ》天満宮、津久戸《つくど》明神(後の築土《つくど》神社)などを城のまわりに勧請した。

さて、当時の江戸城の目の前は入江となっており、この日比谷《ひびや》入江を一望する位置に城は建っていた。また、日比谷入江の先の現在の東京駅から新橋《しんばし》にいたるエリアには、江戸前島《まえじま》があった。この江戸前島については、後に詳しく説明したい。江戸前島には多くの漁民が住んでおり、江戸城のまわりには市場や宿場も多く建てられて、活気に満ちた城下町が形成されていたと考えられている。

道灌は教養が高く戦《いくさ》にもめっぽう強く、多くの戦に勝利して扇谷上杉家の勢力を伸ばしていった。しかし、これがかえって災いし、山内上杉家からは警戒され、扇谷上杉家の当主である定正《さだまさ》からは謀反《むほん》を疑われ、文明《ぶんめい》18（1486）年に殺害されてしまう。定正の館に招かれて、風呂に入っているところを騙し討ちされた悲惨な最期であった。

これ以降、山内上杉家と扇谷上杉家、太田道灌の遺児である太田資康《すけやす》の間で複雑な闘争が行なわれるが、詳しい説明は不要だろう。

後に江戸は北条早雲《ほうじようそううん》が興した北条家が支配し、小田原《おだわら》を本拠地とする北条家の一出城《でじろ》となった。この時代は約60年間続いたが、家康の江戸入りまで江戸は海運の拠点として、それなりに栄えていた。

●なぜ江戸に幕府は開かれたのか

もともと、徳川家の拠点は駿河《するが》（現在の静岡）であり、家康が江戸に移るのは戦国末期のことである。江戸は「徳川家康が自ら選び取った場所」のようにいわれることがあるが、それはかなり怪しい。

戦国時代の末期、豊臣秀吉が天下を平定する最後の段階で、あくまで抵抗したのは小田原の北条家であった。北条家は下剋上《げこくじょう》で大名に成り上がった北条早雲を開祖とし、五代にわたり100年続いた戦国時代の名門である。なお、鎌倉幕府の執権を務めた北条家とは血縁関係になく、これと区別するために「後北条《ごほうじょう》」と呼ぶこともあるが、本書では北条家とする。戦国末期の小田原城は、城のまわりの広大なエリアを土塁で囲んだ(これを「総構《そうがまえ》」と呼ぶ)難攻不落の名城であった。

天正13(1585)年関白《かんぱく》に任官した秀吉は、天正17(1589)年に多くの戦国大名を引き連れて、最後まで抵抗する後北条家の拠点小田原城を攻めた。

この時、秀吉は「笠懸山《かさがけ》」に一夜で城を築いた。これが、有名な「石垣山《いしがきやま》一夜城」である。実際に一夜で城を築いたわけではないが、小田原城を見下ろす位置に突然城が出現し、狼狽《ろうばい》した小田原方は対応を巡って、終わらない堂々巡りの議論を続け、「小田原評《ひょう》定《じょう》」の語源となっている。

家康もこの合戦に参加していたが、小田原方の降伏に際して、秀吉から驚愕する命令を受けた。これが関東への国替えである。

秀吉としては最大のライバル家康を、政治・経済の中心である大坂、京都からなるべく遠ざけ、また、新たな領地の経営に膨大な労力を費《つい》やさせることで、その力を削《そ》ぐことを狙ったのであろう。

「箱根の山は天下の険《けん》」といわれるように、箱根は最大の難所であり、ここを越して兵力を動かすのは大変なことだった。秀吉には「箱根の山の向こう側の辺鄙《へんぴ》な場所に、家康を追い払いたい」との思惑があったと考えられる。

戦国大名にとって国替えは一大事である。新たに城と城下町を築き、田畑を整え、新しい領民と良好な関係を築かなくてはならない。長らく住み慣れた駿河を離れることに、家中の抵抗は大きかったといわれており、「国替えするくらいなら合戦」との意見もあったようだが、現実主義者の家康は秀吉の命令に従い、関東へ移ることを決意する。

関東といっても非常に広い。普通に考えると、歴史が長くインフラも整備された小田原や、鎌倉幕府のあった鎌倉あたりが、拠点の候補に十分なりそうである。

各候補地の中で、江戸を選んだことについても、秀吉の命によるものだったとの説がある。江戸初期の聞き書きを集めた『落穂集《おちぼしゅう》』には次のような記述がある。

是《これ》より二十里ばかり隔《へだ》たりし江戸と申し所《ところ》是あるよし、人の申すを承《うけたまわ》り候《そうろう》ても、絵図の面にて見及び候ても、繁昌の勝地とも申す可《べ》き所にて候間、江戸を居城に相定められて然《しか》る可く候

ここで、秀吉は次のように命じている。

小田原から80キロメートルくらい離れた江戸の地は、誰に聞いても地図を見ても、繁栄間違いなしの大変よい土地であり、ここに城を定めるべきである。

このように、関東への国替えは秀吉から命じられたものであり、必ずしも家康の本意ではない。「江戸は富士山の見える四神相応の土地なので、家康はこの地に城を築いた」といわれることがあるが、家康は自分の意思で江戸の地を選んだのではないようだ。しかし、秀吉の命を受け入れた決断が、後々家康に大きな運を開くことになる。

●江戸改造の始まり

徳川家康は、天正18（１５９０）年、北条氏の残した江戸城に入ると、ただちに城と周辺の整備に取り掛かった。

当時の家康は、天下人である豊臣秀吉の下に位置する一大名である。大坂夏の陣で豊臣家が滅亡し、家康は慶長《けいちょう》８（１６０３）年に徳川幕府を開いた。これ以降は家康の命により各大名が動員された「天下普請《てんかぶしん》」が始まるが、これは家康の江戸入りよりも後のことである。

家康が江戸に入った天正18（１５９０）年から天下普請が始まる慶長10（１６０５）年の間は、あくまで家康の家臣たちの手による自前の普請が行なわれた。なお、現代では、普請というと住宅の工事を指す場合が多いが、当時は大掛かりな土木工事を含め、建築工事と土木工事の全体を普請と呼んでいた。

この時期の主要な普請は次の三つである。

・江戸前島の改造
・小名木《おなぎ》川と新《しん》川の掘削《くっさく》

・江戸城の築城工事

まず、江戸前島の改造から見ていこう。江戸前島の改造は以後続く「天下普請」の先駆けであり、江戸の改造のエッセンスはここに凝縮されているといっていい。

なお、以降の説明に使用する図2-4、図2-6~8の図は、鈴木理生編著『図説 江戸・東京の川と水辺の事典』『スーパービジュアル版 江戸・東京の地理と地名』、村井益男責任編集『江戸城 日本名城集成』、松江歴史館所蔵『江戸始図』、甲良家史料『江戸城之図』を見比べて作成した。必要な情報以外は省略した箇所も多く、概念図として見てほしい。

●砂州として陸に現れた江戸前島

家康が江戸に入った当時、江戸は図2-4のようだった。

当時、江戸城の前まで日々谷入江が入り込んでおり、その先には「江戸前島」があった。当時の海岸線は現在より大きく後退しており、岩礁である鎧《よろい》島だけが江戸湊《みなと》(東京湾)に浮かんでいた。ここから徳川による江戸の建設が始まった。

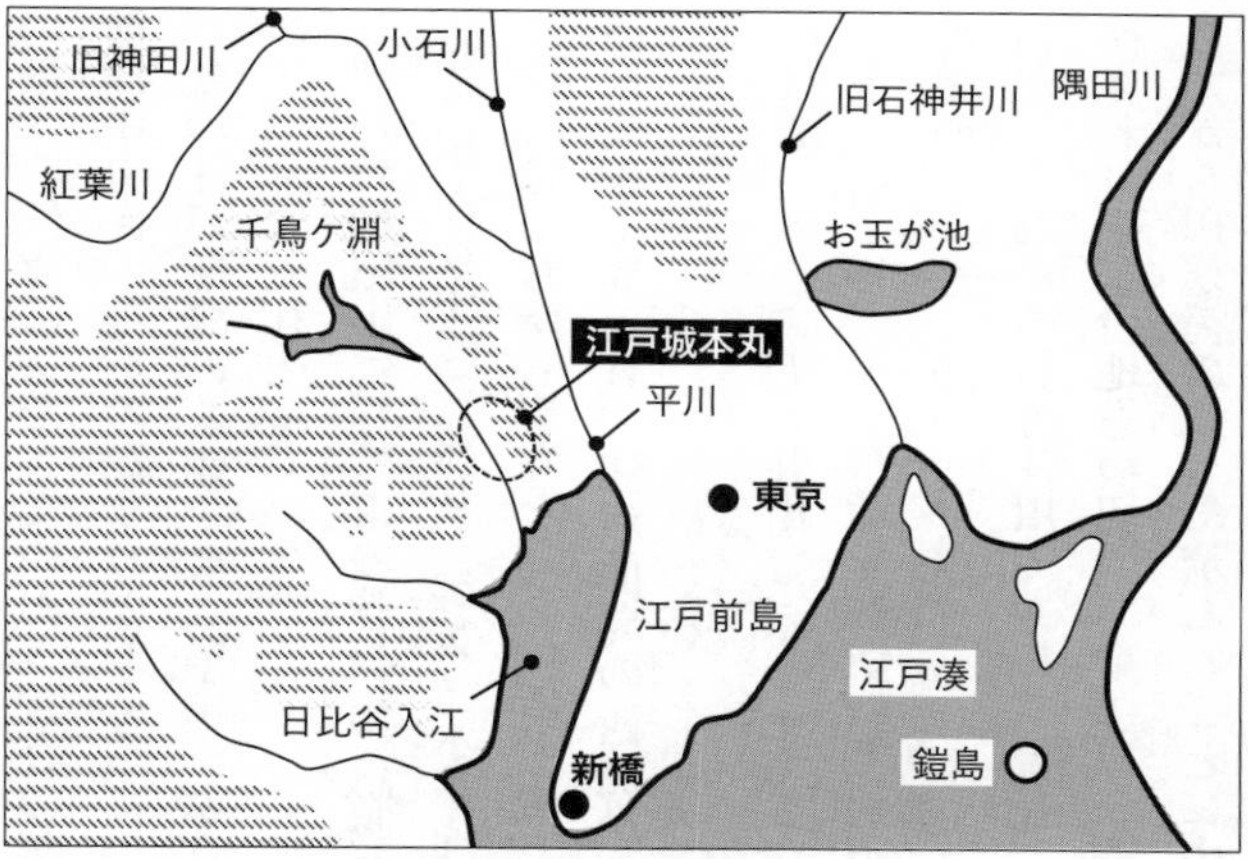

図2-4　家康江戸入り時の姿

江戸前島の西側には「日比谷入江」があり、ここはかつて海だった。日比谷入江は現在の地名で次のエリアに相当する。

丸《まる》の内《うち》〜日比谷〜内幸《うちさいわい》町〜西新橋

この日比谷入江の向こう側に江戸前島があった。和光《わこう》や銀座三越《みつこし》のある銀座4丁目交差点を通る「銀座中央通り」は銀座のメインストリートだが、この通りは周辺よりやや標高が高い微高地《びこうち》となっている。この銀座中央通りを中心とする砂州《さす》が江戸前島である。

前島といっても島ではなくて半島で、新橋あたりが半島の先端に、大手町《おおてまち》あたりが半島の西側の根元に、日本橋兜町《にほんばしかぶとちょう》あたりが東側の根元の位置にあたっていた。現在の銀座中央通りは微妙に屈曲しているが、これは江戸前島中央部の地形の高まりと対応している。

この江戸前島の西側では「平川《ひらかわ》」が日比谷入江に流れ込み、東側では「旧石神井川《しやくじいがわ》」が江戸湊に流れ込んでいた。

現在の神田川は三鷹《みたか》市の井《い》の頭恩賜《かしらおんし》公園内の「井の頭池」を水源とし、善福寺《ぜんぷくじ》川と妙正寺《みょうしょうじ》川が途中で合流し、御茶ノ水《おちゃのみず》を通って隅田川に流れ込んでいる。この上流と中流については、昔から現在と同じ位置を流れていたと考えられているが、下流部分は現在と流路が大きく異なり、江戸前島の西側から日比谷入江に流れ込んでいた。これが平川である。

また、現在の石神井川は、小平《こだいら》市の小金井《こがねい》公園付近を水源とし、石神井公園の脇を通り王子に至り、王子台地を横切って隅田川に流れ込んでいる。しかし、かつては王子台地の手前で大きく曲がって南下し、不忍池《しのばずのいけ》経由で江戸前島の東側から東京湾に流れ込んでいた。これが旧石神井川である。現在、王子にある「滝野川《たきのがわ》」の地名は、石神井川の流路が変わり王子台地を横切って東に進み隅田川に通じるようになって以降、台地と低地の高低差から川が滝のように流れたことに由来するといわれている。

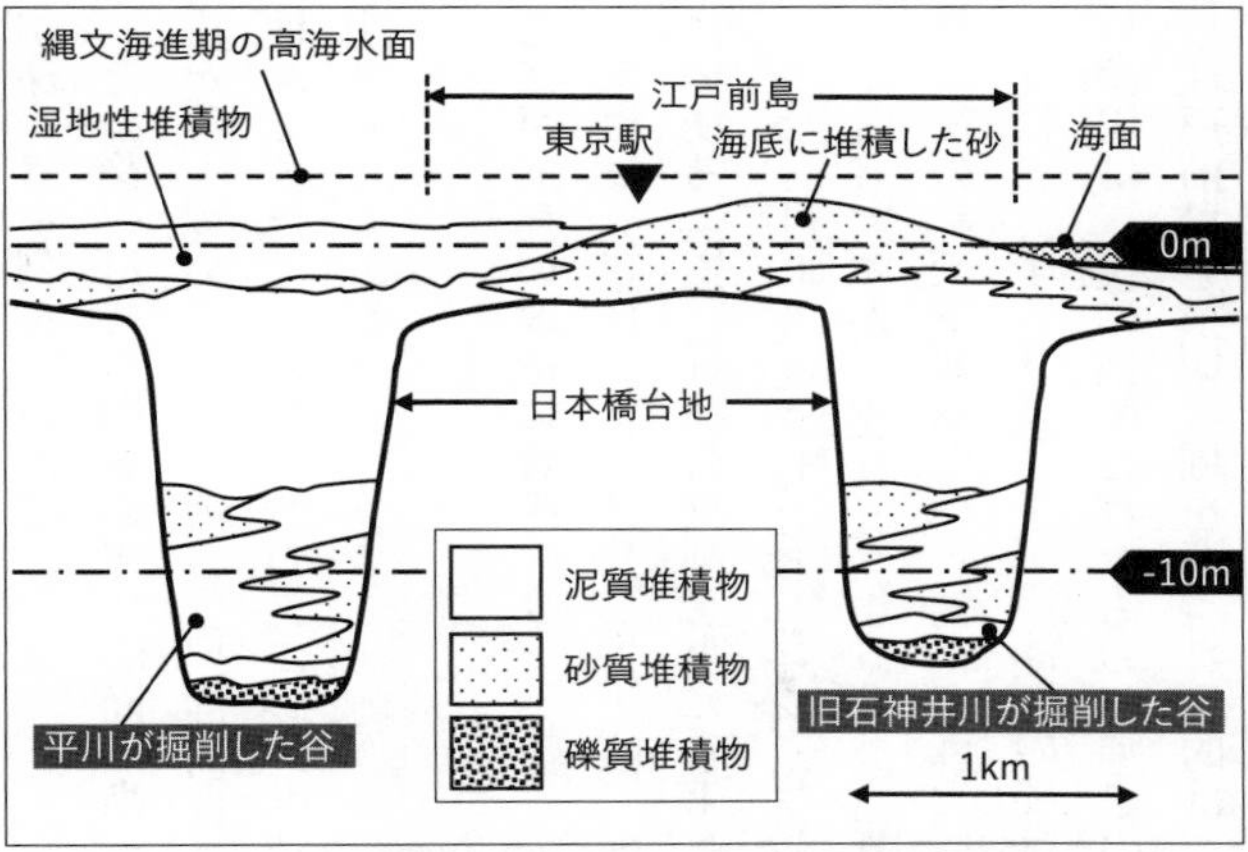

図2-5　江戸前島の地質断面模式図（東京駅周辺東西方向）
（松田磐余『対話で学ぶ江戸東京・横浜の地形』の掲載図に基づき作成）

なぜ、石神井川の流路変更が生じたのかは、よく分かっていない。下流の洪水を防ぐため流れを付け替えたとする「人工掘削説」と旧石神井川が東から南へと進路を変える屈曲した位置が、河川の掘削効果でどんどん東にずれて行き、とうとう王子台地を乗り越えたとする「自然現象説」があり、意見は分かれている。

図2－5には地質調査結果に基づく江戸前島の断面図を示す。この断面図が、江戸前島の両側を平川と旧石神井川が流れていた証拠である。最終氷期で最も気温が低かった約2万年前、海水面は現在から130メートルほど低下しており、江戸前島に当たる台地の両側は、旧神田川と旧石神井谷

が深く谷を刻んでいた。

その後、最終氷期を過ぎて海面が高くなると、この台地は海面下に沈み、両河川の堆積物が谷を埋めていき、海食台《かいしょくだい》（波の侵食作用で作られた海面下の平坦な面）である日本橋台地ができた。この海食台の上に砂が堆積し、海面の低下と共に砂州として陸に現れたのが江戸前島である。

●江戸前島の改造に着手

家康は天正18（1590）年に江戸に入ると、まず一番に江戸前島の根元の部分を東西に横切る「道三堀《どうさん》」の掘削工事に着手した。

また、平川をこの堀に接続する付け替え工事が行なわれた。この一連の普請は天正18（1590）年から文禄《ぶんろく》元（1592）年までの極めて短期間で行なわれたと考えられており、後の「天下普請」へと続く江戸改造の始まりとなった。

文禄元（1592）年頃の江戸の姿は図2-6のようになっていた。なお、点線で示す外濠川《そとぼり》は、後に掘削されたもので、この時期にはまだない。

江戸前島を横切る堀を造った目的は、生活必需品であり戦略物資でもあった塩の確保のため、最大の生産地である千葉の行徳《ぎょうとく》と江戸城を結ぶことにあった。また、この普請に並行して、道三堀に接続する小名木《おなぎ》川と新川が掘削され、安全かつ迅速に行徳から江戸まで塩を運ぶことができるようになった。なお、小名木川については、改めてあとで説明する。

「道三堀」のルートは現在の地名でいうと次のようなもので、現在の東京駅の北をかすめるように堀は掘削された。

皇居の和田倉《わだくら》濠〜大手町交差点〜新常盤《ときわ》橋《ばし》交差点〜江戸橋ジャンクション

道三堀は、幅25メートル程度あったといわ

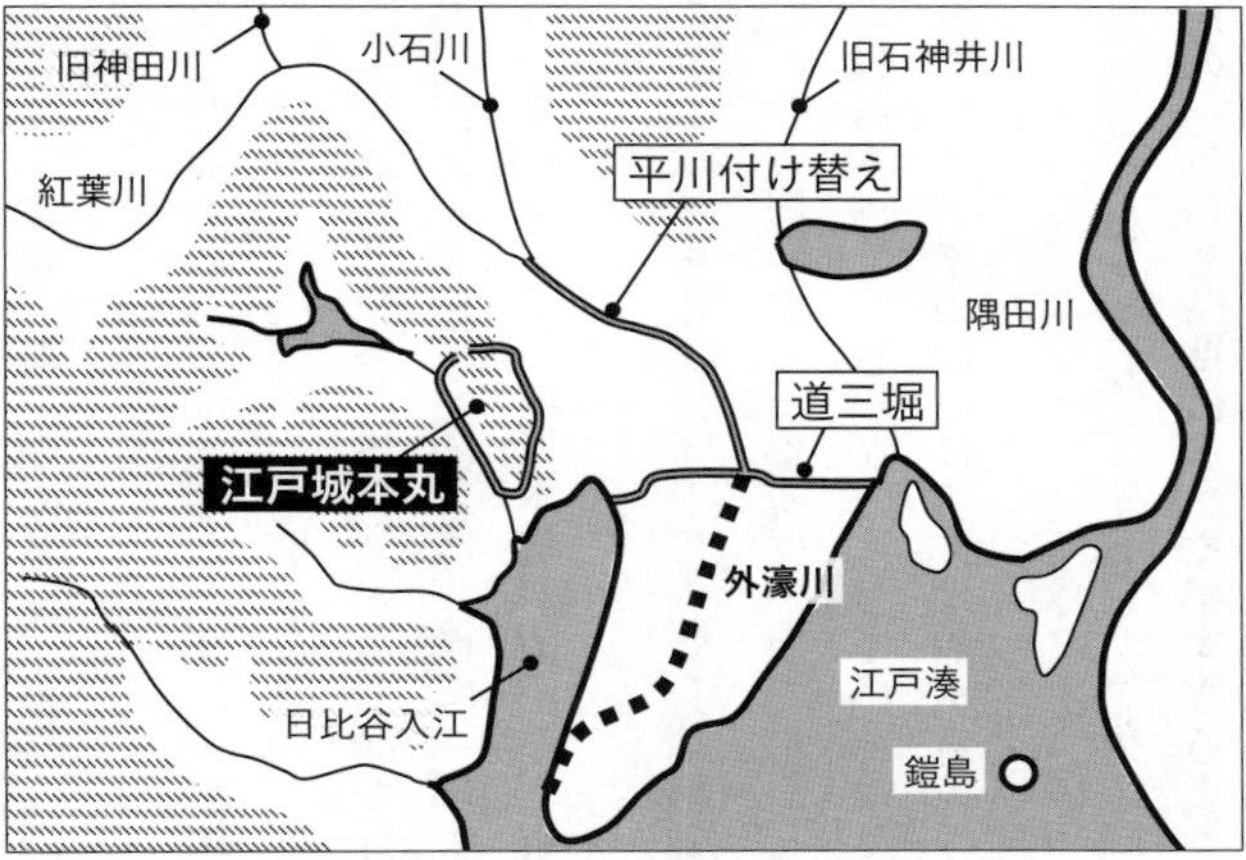

図2-6　道三堀と平川付け替え（文禄元年頃）

れており、大きな船も通行可能な大規模な水路だった。なお、道三堀の名は、幕府の御用医師である二代目曲直瀬《まなせ》道三の屋敷が堀の南にあったことによる。

この道三堀の掘削に続き、平川の付け替え工事が行なわれた。前述したように、平川は日比谷入江に直接流れ込んでいたが、この流れを現在の千代田《ちよだ》区一ツ橋《ひとつばし》あたりから変更し、道三堀の真ん中付近（新常盤橋交差点あたり）に接続するよう付け替える普請が行なわれた。なお、この平川を付け替えた部分と隅田川に出るまでの部分は、後に「日本橋川」と呼ばれるようになった。慶長8（1603）年には、ここに日本橋が架かり、東海道のスタート地点となっている。

この付け替えの目的は、日比谷入江を埋め立てるため、平川の水が日比谷入江に流れ込むのを防ぐことにあった。いうまでもないが、これから埋め立てる場所に、川の水がどんどん流れ込んでは工事が覚束《おぼつか》ない。また、平川には谷端《やばた》川と小石《こいし》川が合流していたので水量が多く、このエリアはたびたび洪水に見舞われていた。平川の付け替えは治水対策の面もあったと考えられている。

後に説明するように、日比谷入江の本格的な埋め立ては、慶長7（1602）年以降であり平川の付け替えから10年ほど先になる。平川の付け替え時期は、やや早すぎるようにも思えるが、文禄元（1592）年から江戸城西の丸の築城工事が始まり、工事で出た土砂による日比谷入江の埋め立てが一部始まっていたようなので、早くから平川の流入を止めたかったのかもしれない。

●外濠川の掘削

この平川の付け替え工事に続き、付け替えた平川が道三堀に流れ込む位置から、現在の数寄屋橋《すきやばし》交差点に向かい江戸前島を縦断するように新たな水路が掘削された。

これが、後に江戸城の外濠となる外濠川である。外濠川が掘られ、日比谷入江の埋め立てが終了した慶長12（1607）年頃の前島周辺は、図2-7のようになっていた。

外濠川の掘削時期はよく分かっていない。自然河川である平川の流量は大きく、道三堀に付け替えただけでは治水対策として不十分なので、そのまま南に流すルートを早急に確保したと考えるのが自然かもしれない。これなら、平川付け替えと連続した工事と考えるのが妥当だろう。また、日比谷入江の本格的な埋め立てに際しては、江戸前島エリアの排水ルートを確保する必要があると考えられるので、外濠川の掘削は日比谷入江の埋め立て工事より前に行なう必要がある。

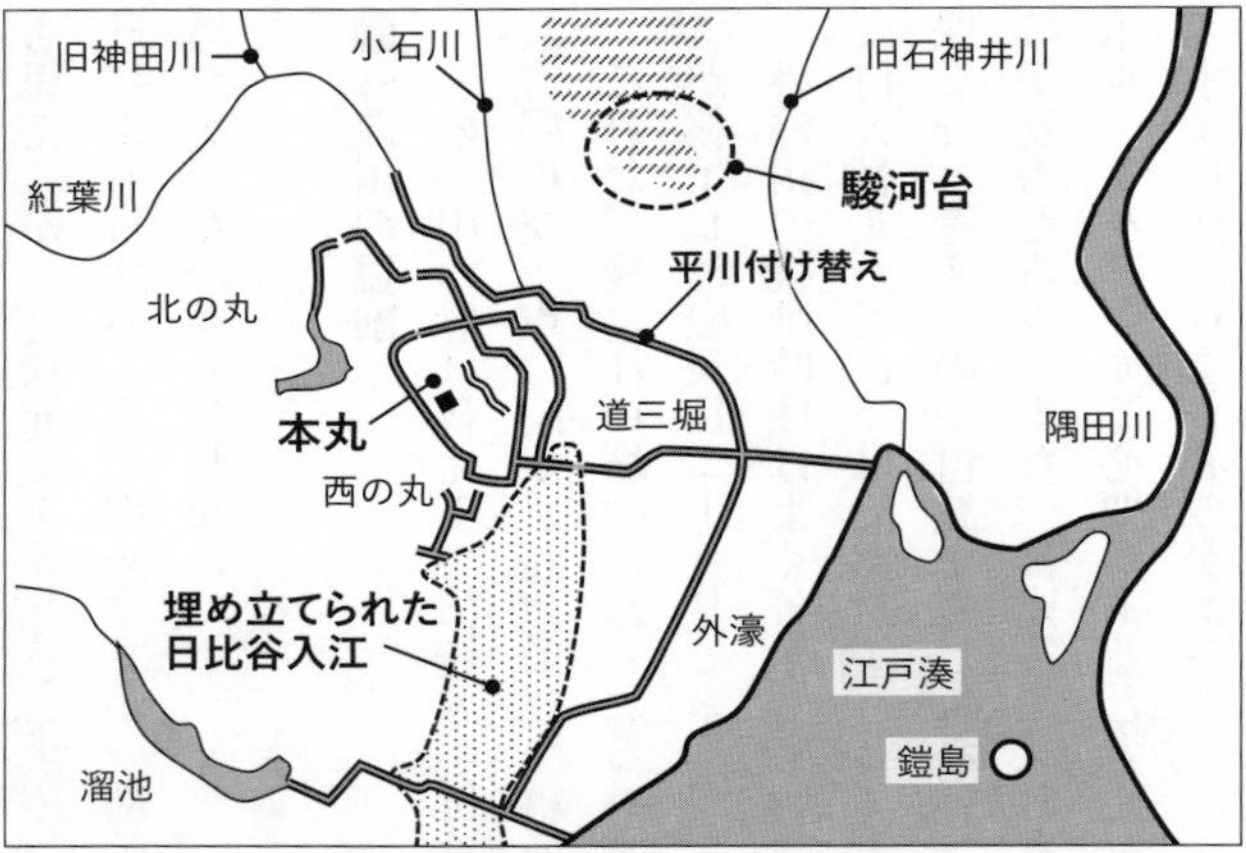

図2-7　外濠と日比谷入江の埋め立て（慶長12年頃）

以上から、外濠川の工事の時期は、平川を付け替えが終わった文禄元（1592）年頃から、日比谷入江の本格的な埋め立てが始まる慶長7（1602）年までの間と見ていいだろう。なお、外濠は第二次大戦後に埋められて現在は「外堀通り」となっている。

●日比谷入江の埋め立て

江戸前島の工事が一巡すると、次に日比谷入江が埋め立てられた。

『慶長七年江戸図（通称「別本慶長江戸図」）』には日比谷入江が描かれているが、慶長13年の『慶長江戸図』にはもう見られない。このため、埋め立ての時期は慶長7（1602）年から慶長13年（1608）年の間と考えられている。

ただし、慶長13年の江戸図はだいぶ時代が下ってから作成されたとの説もあり、一定の保留は付くのかもしれない。

いうまでもなく、日比谷入江の埋め立ては急激な江戸の拡大に対応するものだった。家康は多くの家臣を引き連れて江戸に入ってきた。また、家康が天下人になり幕府が開かれると、行政機関を数多く設ける必要が生じた。日比谷入江を埋め立てた丸の内エリアは、その後、南北町奉行所が置かれるなど幕府政治の中心地となっていった。

余談だが、幕府崩壊のひとつの原因と考えられている安政《あんせい》2（1855）年の安政江戸地震では、この埋め立て地盤は大きく揺れて、震度は6弱以上だったと考えられている。この地震で丸の内エリアのすべての建物は大きな被害を受け、会津《あいづ》藩邸や姫路《ひめじ》藩邸は全焼し、多くの被害者を出した。ちなみに、地盤のいい江戸前島では震度5強程度、地盤が悪い隅田川の東側では6弱以上と考えられている。

さて、日比谷入江の埋め立てに用いられた土砂には、以下のような候補が考えられる。

・江戸城の築城工事で出た掘削土

・駿河《するが》台の掘削土
・その他の廃土

このうち駿河台の掘削については、少し説明が要るだろう。

本郷台地の南のすその部分は、神保町《じんぼうちょう》書店街を通る靖国《やすくに》通りの屈曲している部分に当たっている。幕府はここからJR御茶ノ水駅に向かう台地を切り崩し、斜面を階段状の水平な土地に改変する普請が行なわれた。現在でもよく行なわれる宅地造成の一般的な方法である。なお、この土地は後に駿河からやって来た武士たちに振り分けられたので、駿河台と呼ばれるようになった。

慶長19（1614）年頃に成立した『慶長見聞集』によると、駿河台の造成工事は慶長8（1603）年とされているので、慶長7（1602）年から慶長13（1608）年の間に行なわれた日比谷入江の埋め立て時期と一致する。日比谷入江の埋め立てには、駿河台の廃土が一部用いられたと考えていいだろう。

注意して見ると、JR御茶ノ水駅から南側の斜面は緩急の傾斜が交互に現れる地形となっている。住み慣れた所ほど、当たり前のこととして気付かないことがあるが、我々のまわりには地形の改変の痕跡が至る所に残っている。

●神田堀の掘削

平川を道三堀に繋ぎ外濠川を掘削するだけでは、治水対策として十分ではなく、幕府はより本格的な治水対策を考えた。

これが神田堀の掘削工事である。この工事が開始された元和《げんな》6(1620)年頃の江戸城のまわりは図2-8のようになっていた。

神田堀の掘削は、二代将軍秀忠《ひでただ》に代替わりした後の天下普請であり、仙台藩主の伊達政宗《だてまさむね》に命じられた。仙台藩は神田堀の掘削工事に加え大手門の造営も担当し、合計して黄金2600枚以上を費やしたといわれている。江戸の普請は外様《とざま》大名の力を弱め、幕府に逆らえないようにする意味合いも持っていた。

この普請では、現在のJR御茶ノ水駅の所で、本郷台地を東西に掘削して谷を造り、平川の流れをここに繋げた。神田堀の誕生である。この普請で平川は、現在の東京ドームシティアトラクションズの南にある三崎《みさき》橋から東に進み隅田川に流れ込むようになった。さらに、旧石神井川も神田川に合流させた。

図2-8　神田堀の掘削（元和6年頃）

なお、この普請で掘削した本郷台地の崖の途中から清水が湧き出した。この水は大変甘《かん》露《ろ》で、将軍家専用の茶立てに用いられ「お茶の水」の地名の元となったといわれている。

ただし、元和6（1620）年から始まった普請では、現在の形ほどには谷が深く削られておらず、洪水時にあふれた水を排出する緊急対応的な位置づけであったらしい。したがって、元の平川の流れは止められず残っていた。今見る大渓谷が完成し、神田川が完全に付け替えられるのは、40年くらい後になって政宗の孫の伊達綱宗《つなむね》が改めて拡充工事を行なったあとである。

現在、JR御茶ノ水駅のホームからは、掘削された深い谷の底に神田川を見下ろすことができる。東京に住む者にとって、この風景は見慣れたもので、疑問を抱くことはないかもしれない。

しかし、この場所は仙台伊達藩《せんだいはん》が長きにわたって大変な労力を払い完成させた平川を付け替えた結果である。戦国時代に鍛えられた高い土木技術によって江戸の町は作られている。

●小名木川の掘削

道三堀に連続するのが小名木川だ。江戸初期の海岸線は図2-9のように現在より相当北にあり、この海岸線に沿うように小名木川とこれに接続する新川が掘削された。両河川の完成により、次のルートで行徳から江戸まで安全かつ速やかに船で塩を運ぶことができるようになった。

行徳→新川→小名木川→道三堀→江戸城

小名木川は現在もあり、墨田《すみだ》区の常盤と清澄《きよすみ》を結ぶ「萬年《まんねん》橋」から江東《こうとう》区の大島《おおじま》と東《ひがし》

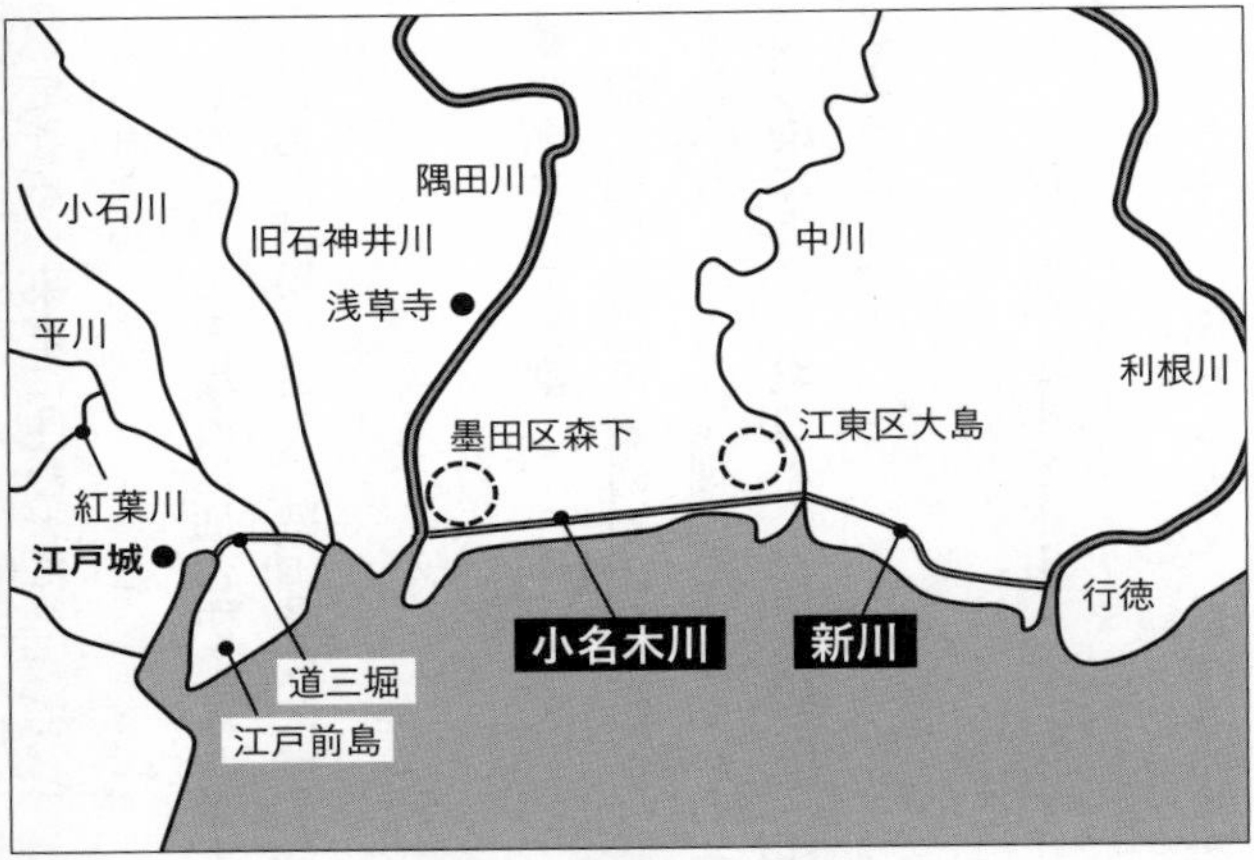

図2-9　小名木川と新川
（鈴木理生『スーパービジュアル江戸・東京の地理と地名』の掲載図に基づき作成）

砂《すな》を結ぶ「番所橋《ばんしょ》」まで、一直線に流れているので地図で簡単に見つけることができる。江戸初期の海岸線はこの小名木川のやや南側となっており、これより先は海だった。当時の海岸線は現在よりも相当北にあり、現在の地名で白河《しらかわ》、清澄、深川《ふかがわ》、富岡《とみおか》も皆、海の下だった。

当時の海岸線ははっきりせず芒洋《ぼうよう》としており「海岸線とおぼしきものがあった」といった方が適当かもしれない。江戸前島より東の江戸湊北部には湿地の浅瀬が広がっており、どこからが陸地でどこからが海なのか境界も曖昧な状態で、船が座礁することも多かった。

このため、この海岸線とおぼしき場所に

沿って小名木川と新川を新しく掘り、道三堀に繋ぐ普請が行なわれた。この普請では、海岸線のやや北側の陸地を直線状に掘削して運河を造り、この掘削土によって海側を埋め立てることで曖昧だった海岸線を確定する方法が用いられた。

小名木川の完成した年はよく分かっていない。

前述した道三堀は天正18（1590）年の家康江戸入り後、すぐ完成していたので、これと繋がる小名木川も急いで造ったと考えるのが自然である。また、小名木川の北側、現在、深川神明宮《ふかがわしんめいぐう》（東京都江東区森下《もりした》）のある森下一帯は、関西からやってきた深川八郎《はちろう》右衛門《えもん》が家康のお墨付きを得て、慶長元（1596）年頃から新田を開発したと伝えられている。

これが正しいなら、新田開発の前提として海岸線は既に定まっていることが必要と思われる。このため、慶長元年（1596）年前に小名木川の少なくとも西側部分はできていないといけない。以上から、小名木川ができたのは、道三堀工事の時期と重なるか、すぐあとと考えられる。

図2-10　江戸中期の海岸線
（遠藤毅『東京都臨海域における埋立地造成の歴史』の掲載図に基づき作成）

●海岸線の南下

江戸時代中期の海岸線は図2‐10の位置にあった。

図2‐9で説明したように、江戸時代初期の海岸線は小名木川に沿う位置だったが、徐々に動いて、江戸中期には図2‐10の位置まで南下していた。

まず、富岡八幡宮（江東区富岡）から見てみたい。もともと、隅田川河口の東側は永代島《えいたいじま》と呼ばれる砂州だった。この名前は現在、隅田川に架かる永代橋として残っている。

この永代島に、京都からやってきた僧侶長栄《ちょうえい》が寛永《かんえい》元（１６２４）年に八幡神を祀った。長栄は菅原道真《すがわらみちざね》の子孫といわれ家柄がよく、京都仁和寺《にんな》から永代寺の寺号を与えられた。これが、富岡八幡宮の始まりである。

長栄は幕府の許可のもと、神社の周囲を埋め立て、この土地が富岡八幡の門前町の元となったといわれている。富岡八幡宮は海に面する景勝の神社として大いに栄え、「深川八幡祭り」は、「神田明神の神田祭」「山王社の山王祭り」と並ぶ江戸の三大祭りのひとつとなった。

また、歌川広重《うたがわひろしげ》の『名所江戸百景』で有名な「深川洲崎《すさき》十万坪」は、小名木川の南側の湿地帯を埋め立てたエリアである。幕府はここに新田を開いたが、海岸に近い土地は農業には適さず、後には巨大都市江戸から出たゴミの処分場となった。

十万坪の場所ははっきりしないが、小名木川、大横《おおよこ》川、仙台堀川、横十間《よこじっけん》川に囲まれたエリアではないかといわれている。しかし、10万坪とはせいぜい600メートル×600メートルくらいであり、小名木川から南の総面積からするとごく一部である。「十万」とは非常に広いことのたとえで、後々この場所全体の呼称となったと考えられる。

また、四代家綱《いえつな》の時代には砂村新左衛門《すなむらしんざえもん》によって、砂村新田が開拓され、いまの砂町《すなまち》一帯となっている。

ここで、この地に建つ神社をひとつ紹介したい。洲崎神社（東京都江東区木場《きば》）は地下鉄東西線の木場駅のそばにある小さな神社だ。しかし、江戸時代には「洲崎弁天」と称する有名な観光名所だった。洲崎神社は元禄《げんろく》13（1700）年、江戸城の紅葉山に祀られていた空海《くうかい》作と伝わる弁財天をここに移し、洲崎弁天としたのをはじめとする。このあたりの土地は元禄10（1697）年頃埋め立てられた。

このように、18世紀のはじめには、海岸線は洲崎弁天のあたりまで下りてきていた。現在では想像するのも難しいが、洲崎弁天は海に突き出た絶景の地に建っており、ここから遠く房総《ぼうそう》半島や三浦《みうら》半島、富士山を眺めることができた。門前には多くの料理屋が建ち並び、潮干狩りも行なわれた。

深川エリアは隅田川の川向こうにあり、海に面する開放的な土地柄で、幕府の取り締まりも万事緩やかだった。富岡八幡宮があり、門前町にはきっぷのいい辰巳《たつみ》芸者がいて、さらに東に足を延ばせば洲崎弁天があった。洲崎弁天は、後述する目黒不動などと共に日帰りできる有名な観光地となっていた。このような観光名所の存在は、「息抜き・安息・高揚」などの非日常の場を与え、監視社会であった江戸の社会システムを支える役割も担っていた。

このように、幕府が開かれた当初の海岸線は小名木川の位置にあったが、18世紀の初めには洲崎弁天のあたりまで下ってきていた。それ以降、海岸線はさらに南下していった。深川エリアを歩く時には、海岸線のあった位置や海岸から見える風景を想像してみるのも面白い。

繰り返しになるが、土地は生き物で常に動いていることに注意が必要だ。

●佃島と石川島の成立

海岸線絡みで佃島《つくだじま》に触れておきたい。

もともと江戸前島の東、隅田川の河口には岩礁から成る鎧島が浮かんでいた。これに少し離れて干潟があり、こちらが後に佃島となった（『江戸城下変遷絵図集8』）。

幕府はこの鎧島を、寛永3（1626）年幕臣旗本で船手頭《ふなてがしら》を務める石川八左衛門重次《いしかわはちざえもんしげつぐ》に与えた。八左衛門重次は自らの屋敷をここに構え、これ以降、鎧島は石川島と呼ばれるようになった。この石川島の現在の住所は佃2丁目で、高層ビル群「大川端リバーシティー21」は、鎧島のあったところに建っている。

その後、石川島の南側が埋め立てられて島は大きくなり、寛政《かんせい》2（1790）年に、ここに人足寄場《にんそくよせば》ができた。人足寄場とは江戸の軽犯罪者の更生施設のようなもので、発案者は「鬼の平蔵《へいぞう》」こと「火付盗賊 改《ひつけとうぞくあらため》」の長谷川宣以《はせがわのぶため》だ。宣以は人足寄場取扱を拝命している。

この石川島に少し離れて干潟《ひがた》があった。この干潟は、幕府により摂津国西成郡《せっつのくにしなりぐん》佃村（現在の大阪府大阪市西淀川区佃）からやって来た徳川に縁のある漁師の一団に与えられた。この干潟は埋め立てられ、かさ上げされて、工事は正保《しょうほう》元（１６４４）年に完成した。漁師たちはこの干潟を自らの故郷にちなんで佃島と呼んだ。佃島の現在の住所は佃1丁目である。佃島はもともと石垣でまわりを囲まれた人工的に造られた島だった。

もちろん江戸前島などには昔からの漁師たちはいたが、摂津からやってきた漁師たちは瀬戸内海で厳しく鍛えられてきたので、魚を採る高い技術を持っていた。彼らは、江戸湊でとれる白魚を江戸城に献上する権利を独占した。

また、余った魚介を塩や醤油で煮しめて保存が効くようにした。これが江戸前の佃煮の起こりである。また、彼らは故郷の佃村から住吉《すみよし》神社（中央区佃）を勧請した。佃島は安政江戸地震、関東大震災でも被害を受けず、太平洋戦争の空襲も逃れている。これは、この神社のご利益《りやく》と地元の人々には信じられている。このあたりには、古い家屋が数多く、有名な佃煮の老舗《しにせ》があったりして、いまでも江戸の風情が色濃く残っている。

このように、石川島と佃島は異なる成り立ちを持ち、地質構造も、歴史も異なっている。地質構造から考えると石川島の方がメインだが、いまでは佃島の方が圧倒的に通りがよい。現在は一括りに佃島と呼ばれ、一体とみなされている二つの島が独自の歩みを辿《たど》ってきたことは大変興味深いものがある。

さて、明治になると石川島の南東側が埋め立てられて新佃島ができ、さらに南西方向に埋め立てが進んで月島《つきしま》となった。月島は埋め立てられた土地なので、本来は「築地《つきじ》」のように「築島」と書くべきところだが、風雅の心から「月島」と記されるようになったようだ。

本書では、石川島と佃島にしか触れないが、江戸湊は次々と埋め立てられ、現在の形に至っている。

第3章

江戸の霊的防衛

●何から江戸を守ろうとしたのか

江戸の地形の話を踏まえ、いよいよ江戸の霊的防衛について見ていこう。

徳川家康、秀忠、家光《いえみつ》と続く各将軍とそのブレーンたち、とりわけ長寿を全うし3将軍に仕えた南光坊《なんこうぼう》天海は、江戸ならではの数多くの霊的防衛装置をデザインした。疑わしいものも含め、これらには次のようなものが挙げられる。

日光東照宮
表鬼門の霊的防衛
裏鬼門の霊的防衛
天門の霊的防衛
富士の龍脈の誘導
結界の設定

ここでいったん立ち止まり、そもそも徳川は何から江戸を霊的に防衛しようとしたのかを考えてみたい。

平安京の遷都では、桓武にとって最も恐れるべき対象は怨霊であり、これに備えるため風水、陰陽道、仏教、神道などあらゆる宗教的知識が総動員された。平安京で霊的防衛の対象となるのは、早良親王のように権力争いに敗れ、恨みを飲んで死んでいった人々の怨霊で、いわば「顔が見える怨霊」から都をどのように守るかに腐心した。

一方、江戸を築いた家康にとって、最も恐るべき対象は長年厳しい戦いを繰り広げてきた敵の武将たちとそれを陰で操ってきた朝廷だった。ただし、敵の武将たちは現実世界で恐るべき存在であり「顔の見える怨霊」としては想定されなくなっていた。

呪いのテクニックを用いた朝廷の陰湿な権力闘争から、大規模な戦闘で勝敗が決められる兵站《へいたん》（人、物、金）がものを言う時代になり、武士は戦に負けても潔く自害することをよしとする価値観に変わっていた。時利あらず敗北した「名を惜しむ武将」が、怨霊となって現れては格好がつかない。江戸の霊的防衛の対象は「顔の見える怨霊」から、より抽象的な「魑魅魍魎《ちみもうりょう》」や「たたり神」に変わっていた。

それより徳川にとって最も恐るべき存在は、長らく戦国大名たちを陰で操ってきた朝廷だった。朝廷は、天照大御神を始祖とし天皇を現人神《あらひとがみ》とする極めて宗教的な色彩が強い王権である。幕府は自らも霊的パワーを身につけて、これに対抗しようと考えた。

以上に挙げた各霊的防衛装置の内、この目的で造られた最大の施設が家康を最高神として祀る日光東照宮である。

以下、東照宮から順に話を進めていきたい。

●日光東照宮――徳川家最大の霊的防衛装置

(1) 崇伝VS.天海

家康は元和2(1616)年に73歳で波乱に満ちた一生を終えた。

家康は亡くなると、芝《しば》の増上寺(港区芝公園)で法要が行なわれ、いったん久能山《くのうざん》(静岡県静岡市駿河区根古屋《ねごや》)に埋葬されたあと、翌元和3(1617)年に日光東照宮に改葬され、「東照大権現」として祀られた。

家康の諡「東照大権現」は、すんなりと決まったわけではない。

家康を「大明神」で祀るべきとの意見と「大権現」で祀るべきとの意見が真っ向から対立し、結局「大権現」に軍配が上がった。ここに至るまでに、相当に込み入った経緯があり説明が必要だ。

まずは、家康の宗教上のブレーンである二人の僧侶を紹介したい。ひとりは金地院崇《こんちいんすう》伝《でん》、もうひとりは南光坊天海である。

「大明神」で祀ることは金地院崇伝が主張した。

崇伝は永禄《えいろく》12（1569）年、室町幕府の名門である一色《いつしき》家に生まれた。醍醐寺《だいごじ》、相国寺《しょうこくじ》、鎌倉の建長寺《けんちょうじ》などの各寺で修行を積んだあと、慶長10（1605）年に37歳で京都南禅寺二十七代の住職に就き京都五山に君臨した。これは大変な出世である。慶長13（1608）年、崇伝は前任者の死去に伴い、家康のブレーンに就任した。以後、家康に重く用いられ、キリシタンを禁じる禁教令、寺院諸法度《はっと》、武家諸法度、禁中 並《ならびに》 公家諸法度など、幕政の根幹に係わる諸法度の制定に深く関与した。

また、崇伝は、大坂の陣のきっかけとなった「方広寺鐘銘事件《ほうこうじしょうめいじけん》」にも儒学者の林羅山《はやしらざん》と共に関与したといわれている。この事件は、豊臣家が京の都に再建した方広寺の梵鐘《ぼんしょう》に「国家安康」との銘が刻まれたことに目を付け、この銘は「家康の名を分断して呪うものだ」と因縁をつけ豊臣家を追い込んだ事件である。崇伝は「黒衣《こくい》の宰相」と呼ばれる「こわもて」の実力者であった。

崇伝は京都南禅寺の塔頭（禅宗の大寺院のそばにある子院）の金地院と関東を行き来して政務に当たったといわれている。金地院は、当時ナンバーワンの建築家であり作庭家でもあった小堀遠州《こぼりえんしゅう》の手になるもので、鶴島と亀島を配した方丈《ほうじょう》の庭は素晴らしい。金地院は現在でも京都有数の美しい寺のひとつであり、こんな寺を造らせた崇伝は、美的感覚にも非常に優れていたことが偲ばれる。

一方の当事者である南光坊天海は、崇伝が推した「大明神」に反対し「大権現」で祀ることを主張した。

天海は、天文《てんぶん》5（1536）年会津の名門である蘆名《あしな》家に生まれたといわれている。出生は定かではないところがあり、「本能寺の変を起こした明智光秀《あけちみつひで》が生き延び、天海になった」との説もある。ただし、この説は筆跡鑑定から現在では否定されている。

天海は11歳で仏門に入り、随風《ずいふう》と称した。14歳の時、宇都宮《うつのみや》の粉河寺《こかわでら》で皇舜《こうしゅん》僧正に師事して天台の教えを学んだあと、18歳の時、比叡山に入り実全《じつぜん》に師事した。向学心が強い随風は各所を遊学し、日本最古の総合大学である足利《あしかが》学校（栃木県足利市）で、4年間広く学問を修めた。

再度、比叡山に入った際には、織田信長の延暦寺焼き討ちに遭遇している。天正18（1590）年、関東有数の大寺院である埼玉県川越市の無量寿寺《むりようじゆじ》の豪海《ごうかい》僧正に師事し、ここではじめて天海と名乗ったとされる。この時、既に50代半ばになっていた。

大器晩成型といおうか、これから天海のジャンプアップが始まる。慶長4（1599）年には豪海のあとを受けて、無量寿寺北院の第二十七代住職となった。学識が極めて高い天海の評判は高まり、関東地方の多くの寺を任されて、関東有数の高僧となっていった。

家康と天海の出会いは、慶長13（1608）年のこととされている。これは崇伝が家康のブレーンになったのと同時期である。慶長8（1603）年、江戸幕府を開き天下人になった家康のまわりには、いやでも優秀な人材が集まってきた。

家康は天海の高い学識に目を付け、徳川のブレーンとすべく後押しを始めた。慶長14（1609）年、天海は家康の命により比叡山に送り込まれ、復興に尽力した。この時「探題《たんだい》」職に任ぜられ、さらに「大僧正《だいそうじょう》」となった。これは、極めて異例の出世である。

なお、南光坊とは比叡山で天海が暮らした宿坊の名前であり、これ以降「南光坊天海」と称するようになった。無量寿寺北院から名を改めた川越喜多院《きたいん》に戻った天海は、関東エリアの天台寺院を支配する立場に立った。

また、天海は慶長18（1613）年に日光山を支配する貫主《かんしゅ》となっている。家康が死去したのは元和2（1616）年なので、もちろん、この時には日光東照宮はまだ影も形もないが、後に日光東照宮に家康を祀る流れはここから始まっている。

天海は天台宗の僧侶といっても、関東に根を張ったキャリアを持つことがポイントだ。天海が探題職となり天台宗の学僧のトップの位置に就いたのは幕府の強い後押しによるもので、天海には本家の比叡山に対する対抗意識もあっただろう。後に京都の朝廷に対抗すべく家康を最高神に祀ることを構想したのも、天海の出自抜きには考えられない。

天海は、家康に続き二代将軍秀忠、三代将軍家光と三代の将軍に仕え、寛永20（1643）年に108歳で没したとされている。天海は、様々な占いや呪法にも通じており、なかなか世継ぎに恵まれない家光のために、加持《かじ》祈禱を行なったところ、立ちどころに世継ぎを授かったなどの逸話も残っている。学僧であり呪力者でもあった怪僧といえようか。

(2) 大明神か、大権現か

家康はその死に際し、次の遺言を残したと伝えられている。これは、家康のそばに使えていた金地院崇伝が残したもので、従来から信頼できる史料として扱われてきた。

死後、遺体は久能山に納め、葬礼は増上寺に申しつけ、位牌は三河《みかわ》の大樹寺《だいじゅじ》に立て、一周忌が過ぎた後、日光に小堂を建てて勧請せよ。

この遺言に従い、家康の遺骨は駿府城に近い久能山に納められ、吉田《よしだ》神道の神官である神龍院梵舜《しんりゅういんぼんしゅん》により、吉田神道の流儀で埋葬された。

この流れに天海は異を唱えた。天海は「家康は天台宗の山王一実《さんのういちじつ》神道に基づいて、最初は久能山に葬り、1年後には日光に改葬して欲しいと言い残している」と主張した。

この吉田神道と山王一実神道の主導権争いに関連し、家康をどのように祀るかが大問題となった。崇伝は吉田神道の流儀に従い、家康を「大明神」で祀ることを主張した。一方、天海は山王一実神道の流儀に従い「大権現」で祀ることを主張した。

吉田神道とは、室町時代末期に吉田兼倶《かねとも》が提唱した神道の一派であり、「反本地垂迹《はんほんじすいじゃく》説」の立場をとっていた。

本地垂迹説は、神と仏の融合を目指した神仏習合に基づく思想であり、「神は仏が仮に現れた姿（垂迹）である」と考えた。本地垂迹説は仏の優位性を説き、宗教界で支配的な考えとなっていた。これに対し吉田神道は「反本地垂迹説」の立場をとり、「仏は神が仮に現れた姿である」と考えた。いうまでもなく、天皇家は天照大御神を始祖とするので、神の優位性を説く吉田神道は朝廷でおおいに歓迎された。

計略に優れた吉田兼倶は、「神明三元五大伝神妙経《しんめいさんげんごたいでんしんみょうきょう》」など多くの経典を偽作して、自らの神道の権威付けを巧みに行なった。吉田神道は、応仁の乱の社会混乱を背景に大きく勢力を伸ばし、全国の多くの神社を支配する立場に立つようになった。

また、吉田神道は多くの権力者、有力者に「大明神」の号を与えた。豊臣秀吉が死後「豊国大明神」と呼ばれるのは、吉田神道の流儀によるものである。

ちなみに、「権現」は仏が神や人に姿を変えこの世に現れたもので、仏をメインに据えた呼び名となっている。これに対し「明神」は神の尊称であり神となった人間にも用い、神をメインに据えた呼び名となっている。「本地垂迹説」と「反本地垂迹説」の違いは、こんなところにも表れている。

崇伝はもちろん吉田神道の神官ではないが、京都の宗教界の中心的な立場にいたので、京都で大きな勢力を誇っていた吉田神道とは交流も深く、暗黙の前提として、家康も秀吉同様「大明神」で祀るしかないと考えていた。

一方、天海が主張した山王一実神道はかなり怪しい。もともと比叡山延暦寺には「山王神道」があった。これは、日吉大社が祀る「山王権現」と天台密教が融合して生まれた神道である。天海はこの山王神道をベースに山王一実神道を自ら生み出した。

崇伝と天海の間では激しい論争があったといわれている。幕府内でのポジション争いがあり、宗教的な本質論にも関わるので両者とも引くことはできなかったと思われる。

結局、この論争は天海が勝利し家康は「東照大権現」として、日光に祀られることになった。勝負のついた理由は、「秀吉を豊国大明神で祀った豊臣家は滅んだ」との天海の主張に説得力があったためといわれている。

また、大御所として駿府に住んだ家康と江戸城にいた二代将軍秀忠の間は、ギクシャクすることもあり、家康のそばに仕えた崇伝と秀忠の折り合いは必ずしもよくなかったことが影響しているのかもしれない。

しかしながら、そもそも久能山の祭礼は吉田神道の神官である梵舜が行なっており、吉田神道に任せる既成事実は作られつつあった。また、実績があり大きな勢力を誇っている吉田神道と山王一実神道を比べたら、どう見ても吉田神道の方に分《ぶ》があるはずだ。

ではなぜ、山王一実神道で祀られたのか。

この最大の理由は、家康を東照大権現として日光に祀る天海のプランが壮大な世界観を有し、幕府にとって大変魅力的だったからである。

それは、どのようなプランだったのか。

(3) 壮大なビジョンに基づいた天海プラン

以下、内藤正敏《ないとうまさとし》『魔都江戸の都市計画』に従って、天海プランを見てみたい。

繰り返しになるが、崇伝によれば家康は「死後、遺体は久能山に納め、葬礼は増上寺に申しつけ、位牌は三河の大樹寺に立て、一周忌が過ぎた後、日光に小堂を建てて勧請せよ」と言い残している。

この発言は重要である。家康は「小堂を建てて日光に分祀せよ」と言っており、「本格的に日光に移りたい」とまでは言っていない。また、家康は「久能山では、自分の像を西に向かって祀るようにせよ」と言い残している。

これは、西国には関《せき》ヶ原《はら》で戦った元豊臣方の外様大名が多いので、それへの守りの役目を死後も自分が負うことの意思表示であると考えられる。もともと家康は久能山で「西国鎮守」の役割を担うことを望んでいたと思われる。

しかし、久能山に納められていた家康の棺《ひつぎ》は運び出され、天海が貫主として支配する日光に移されて「東照大権現」として祀られることになった。

このような強引なことができたのは、天海のプランが壮大な世界観を有し、幕府にとって極めて魅力的だったためと考えるしかない。幕府は家康を天皇を凌《しの》ぐような存在として祀りたかったはずである。天海の構想はまさにこれに適《かな》っていた。
家康を山王一実神道によって日光に祀れば、次のような構図を描くことができる。これは明神号で祀るより、はるかに壮大なビジョンである。

最高神＝北極星＝家康（それに仕える天照大御神）

第1章で見たように、日吉大社の山王権現は比叡山延暦寺の守り神とされてきたが、この山王権現信仰と天台密教が融合し「山王神道」が発生した。山王神道では山王権現の本地仏は釈迦《しやか》如来とされ、祀り方は山王権現（釈迦如来）が中心で、左右に「薬師如来」と「阿弥陀如来」を配した。

山王権現（＝釈迦如来）／薬師如来／阿弥陀如来

天海はこの山王神道に巧妙な変換操作を施した。天海の創案した山王一実神道では、薬師如来を釈迦如来と同体と考えてメインに置き、左右に山王権現と摩多羅神《またらじん》を配した。

薬師如来（＝釈迦如来）／山王権現（＝大日如来）／摩多羅神

話は少しややこしいが、山王神道で釈迦如来の垂迹とされた山王権現は、山王一実神道では大日如来の垂迹と置き換えられ、降格されてサブに置かれた。ところが、もともと天照大御神は大日如来の垂迹と考えられていたので、このように置き換えると「山王権現＝大日如来＝天照大御神」の構図が成り立つことになる。

さらに、阿弥陀如来と入れ替えて、摩多羅神を用いた。ここで登場する「摩多羅神」は比叡山の常行堂の「後戸《うしろど》の神」と呼ばれ、念仏修行の場である常行堂に祀られる阿弥陀如来の後方空間を守る神である。

摩多羅神はインド密教の「大黒天」や「荼枳尼天《だきにてん》」とも同一視される、死者の内臓を喰う荒神である。天海は、この神の恐ろしい呪力を家康の守護に利用することを考え、阿弥陀如来を摩多羅神に反転させて入れ替えた。

日光山輪王寺《りんのうじ》には『輪王寺摩多羅神二童子図』という絵が残されており、二人の踊る童子を従え、烏帽子《えぼし》を被り、鼓《つづみ》を持った唐衣《からぎぬ》姿の男神として摩多羅神が描かれている。

不気味な笑みをたたえていることが気にかかるが、人間の姿で表されているので恐ろしい荒神のイメージとは異なるかもしれない。

この絵で摩多羅神の上に描かれている北斗七星は、この神の出自と大いに関係がある。川村湊《かわむらみなと》（『闇の摩多羅神』）によれば、「摩多羅神」とはサンスクリット語で「七母天《しちぼてん》」を表しており、元々は複数の母神を指していた。

「七母天」は「生」と「死」の両方を司る両義的な存在で、本来は鬼子母神《きしぼじん》（夜叉神《やしゃじん》の娘で、５００人の子を産んだ母である一方で、子供たちを育てるため人の子をさらって食べていた。後に釈迦に帰依して仏教の守り神となった）と同体の神であった可能性を指摘している。

この七母天が歴史の闇の中で男神に転じたのが摩多羅神であり、出自が不明なことから「大黒天」や「荼枳尼天」など様々な荒神とも同一視されてきたようだ。

同図に描かれている北斗七星は、摩多羅神が七母天に由来することをほのめかしていると考えられる。

夜空を見上げると、北斗七星は北極星に寄り添って、それを守護するように回っている。後述するように北極星は家康を表しており、摩多羅神（七母天）は家康を守護するには最適な神となっている。

さらに登場するのが「北辰《ほくしん》信仰」である。

古くから北極星は深い信仰の対象とされてきた。現代人と異なり古代の人々は夜空を見上げる機会が数多く、星座の中心に位置し、その一点だけは動かない北極星は特別な存在とみなされてきた。中国の道教では北極星を最高神（天帝）と考える北辰信仰が興り、それが仏教に入って「北辰妙見《みようけん》菩薩《ぼさつ》」に転じた。

これは北極星とインドで生じた菩薩信仰とが習合したものである。後に妙見菩薩は軍神として崇敬され、薬師如来の化身ともみなされるようになった。

家康は三河の鳳来寺《ほうらいじ》で、生母於大《おだい》の方が薬師如来に祈って授かったともいわれている。また、家康は本草学《ほんぞうがく》（博物学）に精通しており、自分の飲む漢方薬を自ら調合するほどであったといわれている。天海はここに目をつけ、家康＝薬師如来と置くことで、山王一実神道と北辰妙見信仰を繋いで以下のような巧妙な構図を発案した。

【北辰妙見信仰】最高神（北極星）＝妙見菩薩＝薬師如来

【山王一実神道】薬師如来＝家康

したがって、

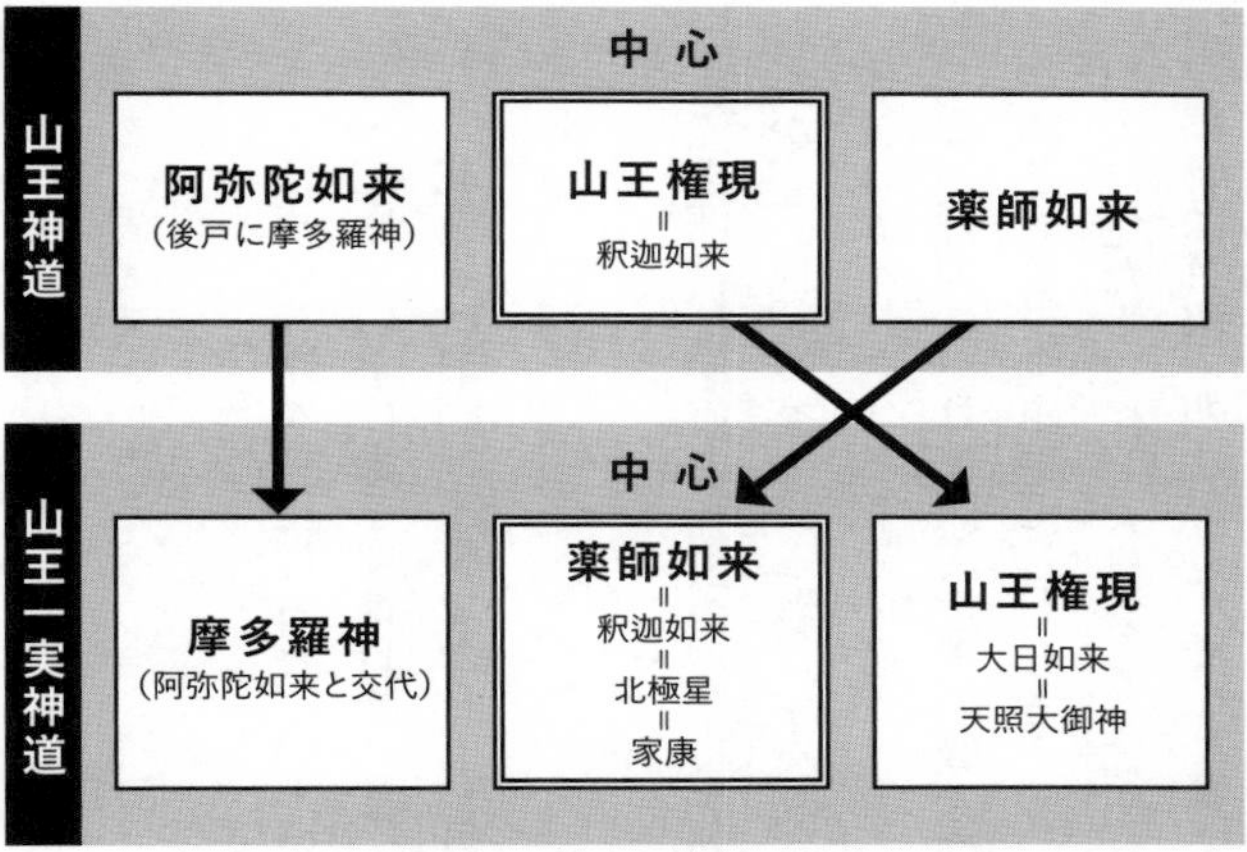

図3-1　山王一実神道による家康の祀り方

最高神（北極星）＝薬師如来＝家康

日光東照宮は天海の高い学識が編み出したアイデアに基づき、図3−1のような形で家康を最高神に祀り上げ、それを「見える化」するための装置であると考えることができる。家康は日光東照宮で山王一実神道の流儀に従い中心に祀られ、左右を山王権現と摩多羅神によって守られていた。

これは家康が山王権現（天照大御神）を従えることを意味しており、東照大権現として家康を祀る最大のポイントとなっている。

さて、日光は江戸のほぼ真北にあるので、ここに家康を大権現として祀ることで、以下のような世界を実現できる。天海は江戸の人々が毎日、神君家康を意識し、崇めることを狙ったと考えていいだろう。

・江戸の夜空を見上げると、いやでも星座の中心である北極星が目に入る。
・北極星の下にある聖地日光には、神君家康を祀る東照宮が立っている。
・北極星は最高神家康であり、神君家康は天照大御神と摩多羅神を従え江戸の町を守っている。

日光東照宮は家康の死去の翌年、元和3(1617)年に二代将軍秀忠によって創建されたが、三代将軍家光はこれに手を加え、現在の荘厳《そうごん》な形とした。

家光は家康に対する尊敬の念がとりわけ強く、繰り返し大人数を引き連れて日光に詣《もう》でた。この行列により東照大権現の威光は可視化され、江戸の人々に東照大権現の存在を強く意識させる役割を果たしたと考えられる。

以上に見たように、天皇家を凌駕《りょうが》しようと仕掛けた家康の祀り方は極めて呪術性が強い。幕府は当初、朝廷から王権を簒奪《さんだつ》することまで考えていた可能性があるかもしれない。

（4）もともと聖地として崇められていた日光山

日光東照宮は何もない山中に、突然現れたものではない。

日光山はもともと、山岳信仰の対象とされ、霊山として信仰を集めていた。縄文時代の遺跡も見つかっており、古くから人が住んでいた聖地であった。日光山は二荒山《ふたらさん》ともいうが、これは男体《なんたい》山と女峰《にょほう》山が2体の神と考えられたからである。

日光山は天平神護2（766）年に勝道上人《しょうどうしょうにん》が深沙大王《じんじゃだいおう》の助けによって大谷《だいや》川を渡ることができ、紫雲立寺《しうんりゅうじ》（後の四本龍寺《しほんりゅうじ》）を建てたのがはじめとされる。勝道上人が渡った大谷川は中禅寺湖《ちゅうぜんじこ》から華厳の滝となって流れ出る神聖な川で、日光山の結界と考えられていた。

翌年の神護景雲《じんごけいうん》元（767）年、勝道は大谷川の北岸に二荒山権現を建て二荒山の大神を祀ったといわれている。この後、勝道は男体山の頂上を目指すが、険しい山肌に阻まれてなかなか果たせず、天応2（782）年にやっと山頂に到達し、そこに二荒神を祀った。この時、眼下に中禅寺湖を発見し、ここに千手《せんじゅ》観音を祀る中禅寺を開いたといわれている。

この勝道の弟子の教旻《きょうびん》は、嵯峨《さが》天皇の宣下《せんげ》（役職に就くための天皇の命令）を受け日光山座主《ざす》となり、歴代の日光山座主のはじまりとなった。関東平野の北の果て、蝦夷《えみし》の国との境界に位置する日光山は、平安時代の初めから朝廷に重視され、決して未開の土地ではなかった。

平安時代、日光山は修験道《しゆげんどう》の聖地となって多くの堂宇《どうう》が建てられた。日光山には様々な宗派の僧侶、神官、修験者が暮らしていたが、やがて、天台宗が真言宗を圧倒し日光山の主導権を握ることになった。後にも言及するが、天台宗は本当に争いに強い。

久安元《きゆうあん》（１１４５）年には、天台宗の修行の場である「常行堂」が建てられ、日光山の中心的な堂宇となった。この「常行堂」は、東照宮の創建に伴って移転を余儀なくされ、現在は日光山輪王寺の常行堂（栃木県日光市山内《さんない》）として残っている。

鎌倉時代に入ると征夷大将軍である源頼朝は日光山を厚く保護し、たびたび、ここで戦勝祈願を行なったと伝えられている。日光山座主には源氏の関係者や皇族が就くことが多くなり、かれらは日光山に在住することなく役職を拝命していた。家康は源氏の末裔《まつえい》であることを誇りとし、偽物と思《おぼ》しき家系図まで作らせていたので、日光山は徳川家と縁のある土地と認識していた可能性は高い。

また、日光は風水から見ても吉相であるといわれてきた。北西にある女峰山を祖宗山と見立てると、稲荷川、田母沢《たもざわ》、荒沢川《あらさわ》を挟んで、ここから四つの山の峰（龍脈）が日光に向かって降りてきており、輪王寺の行者堂は龍脳に当たっている。東照宮の建つ場所はまさに明堂となっている。

また、先述したように天海は慶長18（1613）年に家康の命で日光山の貫主となり、日光山の支配権を手に入れている。日光に家康を祀る条件は整っていたといってよい。

次の理由から、日光はまさに東照大権現を祀るのに打って付けの適地であった。

・江戸のほぼ真北にあり、北極星と江戸を結びつける位置にあること
・古くからの霊山であり、徳川の始祖とされる源氏が厚く信仰していたこと
・風水から見てよい地相を有していたこと
・天海が支配するホームグラウンドであったこと

(5) 日光東照宮の構造

図3-2には日光東照宮の境内を示す。

東照宮に参拝するには、大谷川に架かる神橋《しんきょう》を渡り、長坂を上がり杉木立がうっそう

と茂る表参道を進んで行く。その先の石段を上り、石鳥居《いしどりい》を抜けると阿吽《あうん》の仁王像に守られた表門がある。ここを抜けて左に折れると左手に「見ざる、聞かざる、言わざる」の三匹の猿が有名な神厩舎《しんきゅうしゃ》がある。さらに進んで右に折れると唐銅《からかねの》鳥居の先に陽明《ようめい》門が目に入る。陽明門を抜けるといよいよ唐門があり、その奥に拝殿と本殿がある。さらに本殿の奥には家康の墓所である奥宮《おくみや》がある。

現在、本殿では東照大権現が単一で祀られているが、明治の神仏分離以前には、東照大権現は山王権現と摩多羅神を従えて3神像が祀られていた。東照権現の祀り方は幕府の最高機密であり、厳しく秘匿されていたためと思われるが、残念ながらこの3体が並んだ絵や画像はいっさい残されていない。

さて、境内の配置で特に注目すべきは、表参道が南北軸から反時計回りに約7度回転している点である。このため、唐銅鳥居、陽明門、唐門、拝殿、本殿はすべて正確に南を向いているが、石鳥居と表門は表参道に合わせて、真南よりやや東を向いてセットされている。また、家康の墓所である奥院は本殿より、やや西にずれている。

江戸城は北緯35・69分東経１３９・75分に、日光東照宮は北緯36・76分東経１３９・60分に位置しており、両者の直線距離は約１２０キロメートル、経度の差は０・15度であ

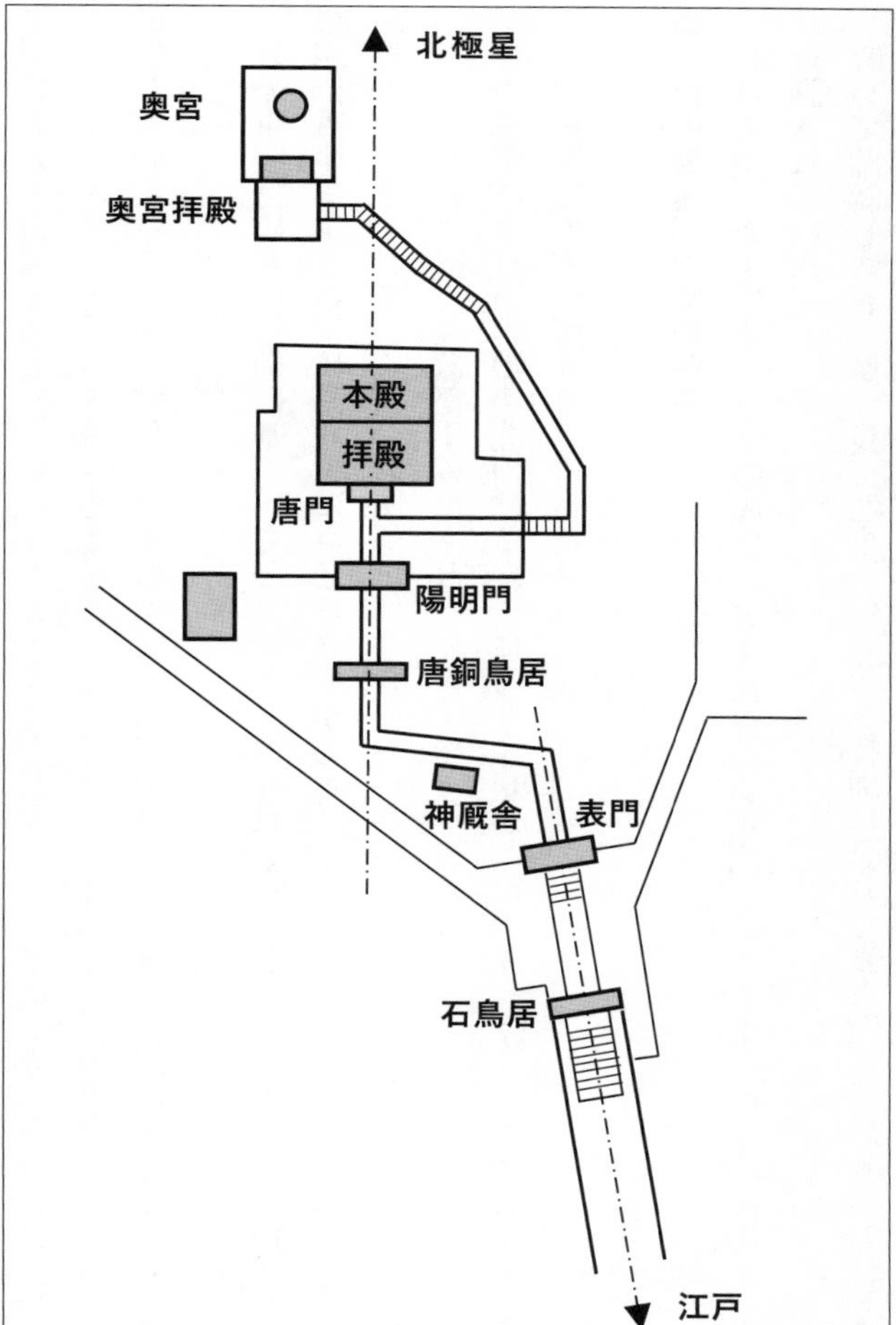

図3-2　東照宮の配置（高藤晴俊『日光東照宮の謎』の掲載図に基づき作成）

る。これから計算すると、江戸城からまっすぐ北に延ばしたラインから東照宮は西に14キロメートルほど（方位にすると約7度）ずれている。表参道が7度程度傾いているのも、奥院が本殿からやや西にずれているのも、この江戸城と東照宮の位置関係を反映している（高藤晴俊《たかふじはるとし》『日光東照宮の謎』）。

日光東照宮は北辰信仰に基づいて最高神となった家康を祀るので、本殿は真後ろに北極星が位置するよう厳密に南北軸に乗せる必要がある。一方で、江戸と日光の関係は南北軸から少しだけずれている。この関係に折り合いを付ける苦肉の策として、表参道を南北軸からやや回転させた配置が生み出されたと考えてよいだろう。

この配置により、本殿の北のはるか先には北極星が、南の先には江戸が位置することになり、東照宮の方位関係は定まった。

●江戸の表鬼門の霊的防衛

桓武の造った平安京では、陰陽道の考えに従い表鬼門（艮＝北東）の霊的防衛がとりわけ意識されていた。

改めて確認しておくが、艮（北東）の方角を特別に恐れる表鬼門は、風水における「鬼門」との呼び名と、日本古来の「オニ＝魔物」を恐れる考えが、陰陽道の中で結びつき日本独自に生み出された。表鬼門を恐れる考えは現代まで連綿と伝わっており、江戸城の表鬼門の方角にも多くの寺社が配されることになった。

まず、江戸の表鬼門から見ていきたい。江戸で表鬼門の霊的防衛を担ったのは、図3－3に示す江戸城自身と三つの寺社である。以下、これらを順に見ていこう。

・江戸城の鬼門角欠
・東叡山寛永寺
・浅草寺
・神田明神

図3-3　表鬼門の守り（国土地理院地図 GSI Mapsに基づき作成）

(1) 鬼門角欠——知られていない江戸城の仕掛け

江戸城の大手濠の表鬼門の方角は角がへこんで欠かれている。これが、江戸城の鬼門角欠である。平安京では、「御所の築地塀の北東の角をへこませて欠き、築地塀の屋根の下に猿の神像を祀り鬼門封じとした」ことを説明したが、これと同じ仕掛けが江戸城にも設けられていた。

江戸城の最古級の絵図である「江戸《えど》始図《はじめず》」(松江《まつえ》歴史館所蔵)には、この鬼門角欠が図3-4のように描かれている。

この図では、大手濠の石垣が雁行《がんこう》し、さらに大手濠の外側の平川の付け替え部分(日本橋川)も、大手濠とシンクロして雁行する形状となっている。この2カ所の濠は、慶長12(1607)年までには完成しているので、初期の普請によるものである。家康は江戸城築城に際し、濠の北東の角を欠き鬼門の守りとしたと考えられる。

この大手濠と日本橋川の鬼門角欠は現在も確認できる。大手濠の方は、その後手を加えられ、この図よりずっと角欠が明確になっている。日本橋川の方は、現在は石垣が取り払われてコンクリートの曲線状になっており、やや印象は薄くなっている。

これら二つの鬼門角欠に挟まれた位置には、2020年まで気象庁の庁舎があった。災

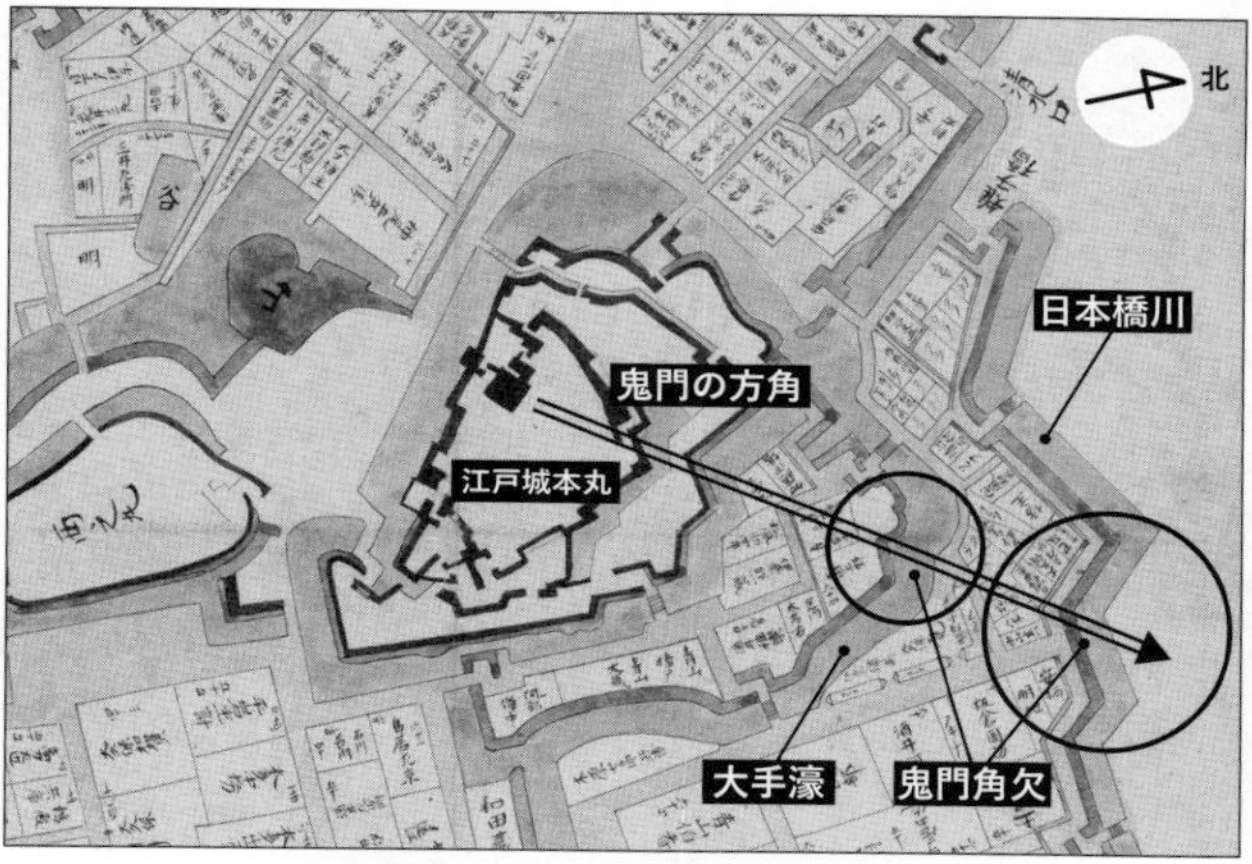

図3-4　江戸城の鬼門角欠
（『江戸始図』〈松江歴史館所蔵〉に基づき作成）

害大国日本の守りに当たる省庁の位置として、ここは最適な立地だったのかもしれない。

（2）東叡山寛永寺
——京都をまねた江戸の霊山

東叡山寛永寺（台東《たいとう》区上野桜木《さくらぎ》）は、京都の鬼門を守る比叡山延暦寺にならい、江戸城の表鬼門の方角に当たる上野の山に建てられた。図3−5には、当時の上野の山の主要な施設と周辺の地形を示す。

江戸の地形で説明したように、上野から北西の方角には長い海食崖があり、その裏側は旧石神井川により浸食された谷になっている。このため、あたかも王子から上野

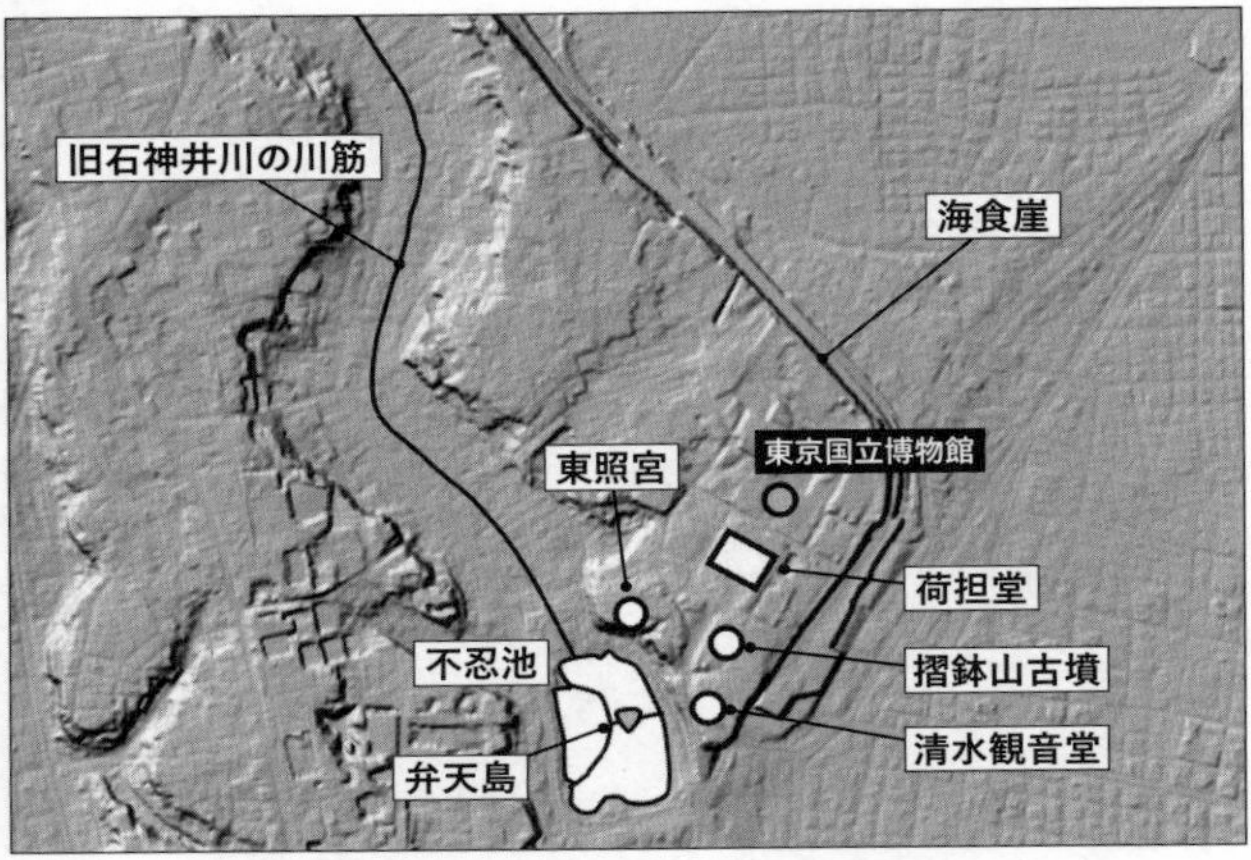

図3-5　上野の山の施設配置（国土地理院地図 GSI Mapsに基づき作成）

まで山脈のような地形が形成され、上野の山はその南東の縁に位置している。ここは山と呼んでも不自然ではない地形となっており、古くは「摺鉢山《すりばちやま》」とも呼ばれていた。

また、あまり知られていないが、上野の山には摺鉢山古墳と呼ばれる前方後円墳がある。この古墳の上には日本武尊《やまとたけるのみこと》を祀る五条天神社が建っていたが、後に現在の地（台東区上野公園）に移動し、今は古墳の上に何もない。五條《ごじょう》天神社は15世紀の紀行文にその存在が出てくるので、創建は江戸よりだいぶ古い。台地の縁である上野の山は、古くから神聖な場所とみなされており、江戸城の表鬼門の方角に、このような聖地が都合よく存在していたことになる。

三代将軍家光は天海の願いを受けて、寛永2（1625）年、東叡山寛永寺を創建した。寛永寺は家康の江戸入り後、すぐに造られたと思われがちだが、そうではない。寛永寺の成立は家康の江戸入りから35年、江戸幕府の成立から22年も経っている。幕府は、最重要施設である日光東照宮の造営にまずは注力し、寛永寺ができるまでの間、江戸城の表鬼門の守りは次に述べる浅草寺が担っていた。

東叡山寛永寺の創建を願った天海の意図は、長らく京の都の鬼門を守って来た「比叡山延暦寺」を凌ぐ寺院を江戸に造ることにあった。

寛永4（1627）年には山の中心となる法華堂と常行堂から成る荷担堂《にないどう》などがほぼ完成し、天海は関東の天台の拠点であった川越の喜多院からこちらに移り住んだ。寛永寺の本尊は薬師如来であり、寛永寺は関東天台宗の総本山となった。

さて、「東叡山寛永寺」の「東叡山」は東の比叡山の意味であり、延暦年間に創建された延暦寺をまねて「寛永寺」と名付けられた。

名前だけでなく、寛永寺は施設も延暦寺と京の都をまねた。（浦井正明『上野寛永寺　将軍家の葬儀』）

上野の山へは、江戸時代も現在と同じ御徒町《おかちまち》方面から上がって行った。中心にある法華堂と常行堂は、比叡山延暦寺の西塔《さいとう》をまねたものである。本坊の慈恵堂《じえいどう》は比叡山の横川《よかわ》にある元三大師堂《がんざんだいしどう》を、祇園堂は八坂の祇園社（現在の八坂神社）を、寛永寺大仏殿は京都の方広寺大仏殿をまねて造られた。

擂鉢山古墳の上には京都の清水寺を模した清水観音堂《きよみずかんのんどう》が建てられ、後に弁天島を望む現在の場所に動かされた。この建物の規模は小ぶりで、本家の清水寺とは比べ物にならないが、清水の舞台はちゃんと用意され花見の名所となっていた。

不忍池は琵琶湖に見立てられ、琵琶湖にある竹生島《ちくぶじま》にならい、池の中央にわざわざ島（弁天島《べんてんじま》）が造られた。ここには竹生島の宝厳寺に祀られる大弁財天が勧請され、弁天堂が建てられた。また、琵琶湖の畔に最澄が生まれた「坂本」という名の門前町があることにならい、不忍池の畔に「坂本町」を造った。なお、現在この地名はなくなっている。

元禄時代になると、比叡山の東塔《とうどう》をまね、巨大な根本中堂も造られた。

このように、非常な執念を持って、上野の山に比叡山延暦寺と京都の移し替えが行なわれた。これらの普請の目的は、京都をそのまま江戸に移し替えることにより、京都の絶対性を解体することにあったと見ていいだろう。

また、寛永寺の初代山主《さんしゅ》は天海が務めたが、次の山主からは天皇の皇子を（強制的に）京から招くようになった。これが、輪王寺宮《りんのうじのみや》で、輪王寺宮は東叡山寛永寺に加え、比叡山延暦寺、日光東照宮の山主を兼務した。この制度は「最高神（北極星）＝薬師如来＝家康」に、朝廷の最高位クラスの出身者を仕えさせることを意図するもので、朝廷を徳川に従えさせる仕掛けの一部となっていた。

さて、京都をまねた普請以外でいえば、寛永４（１６２７）年に家康を祀る東照宮が上野の山に建てられた。この上野東照宮は上野の山に屋敷を構えていた藤堂高虎《とうどうたかとら》の造営によるものだが、寛永寺の創建に伴い高虎の屋敷は動き、東照宮は寛永寺の支配に移された。なお、三代将軍家光は高虎が造営した東照宮の普請に満足できず、慶安《けいあん》４（１６５１）年に黄金に輝く今の社殿に建て替えている。

上野東照宮は規模では日光東照宮に及ばないが、拝殿、幣殿、本殿から成る権現造《ごんげんづく》りの社殿をはじめ、唐門、透塀《すきべい》など、どれも見応え十分である。唐門は数多くの彫刻で飾られており、天下一の彫刻師と謳われた左甚五郎《ひだりじんごろう》の手になる「昇り龍」「降《くだ》り龍」や、門の内側左右の精緻を極めた透かし彫りの諫鼓鶏《かんこどり》は素晴らしい。

また、寛永８（１６３１）年には、後に大老となる土井勝利《どいかつとし》が東照宮の参道の脇に東照宮五重塔を造営した。この塔は寛永16（1639）年に一度焼失し、同年ただちに再建された。この東照宮五重塔は後の震災や戦禍をすべて免れ、再建された姿のまま今も建っている。塔の建つ敷地は現在、上野動物公園の所有となり、残念ながら東照宮と五重塔の間にはフェンスが設けられ、行き来できない。

なお、上野東照宮の近くの谷中《やなか》の天王寺《てんのうじ》（台東区谷中）にも五重塔があった。こちらは第二次大戦直後に失火によって焼失してしまったが、二つの塔がそびえるさまは素晴らしく、近在のランドマークとなっていた。

明治維新に際し、幕臣から成る彰義隊《しょうぎたい》が立てこもり、薩長軍との戦闘が行なわれたため上野の山の多くの堂宇伽藍《がらん》は失われたが、いまも清水観音堂、上野東照宮、東照宮五重塔は残っており、往時を偲ぶことができる。

さて、寛永寺はその最後も延暦寺をまねた。

延暦寺は織田信長の全山焼き打ちに遭い、一度滅んだ。これは仏教勢力が大きな力を持った中世の終わりを意味し、近世の始まりを開いた。同じように、幕末には彰義隊が上野の山に立てこもり薩長軍との戦闘が起こり、寛永寺のほとんどは焼失した。これは、江戸時代の終わりを意味し、新しい明治の時代を開いた。両者の運命がまったく相似形をなしているのは驚くべきことである。

（3）浅草寺――地位を奪われた天台の古刹

浅草寺（台東区浅草）の宗派は何派だかご存じだろうか。

浅草寺は聖観音宗《しょうかんのんしゅう》の本山であり、子院である「待乳山聖天《まつちやましょうでん》」と2寺のみで「聖観音宗」を名乗っている。

これには深いわけがある。

浅草寺の由来は次のようなものである。推古天皇36（628）年、檜前浜成《ひのくまのはまなり》・竹成《たけなり》兄弟が隅田川で漁をしていると、網に仏像がかかった。檜前浜成・竹成兄弟と土地の長《おさ》である土師中知《はじのなかとも》の3人は出家し、この聖観音像を供養した。これが浅草寺の始まりとされている。浅草寺の縁起では観音が現れた日、「一夜にしてあたりに千本ほどの松が生じ、3日を過ぎると天から金の鱗《うろこ》を持つ龍が松林の中にくだった」と伝えられている。「金龍山《きんりゅうざん》」の山号はここから来ている。

浅草寺本堂の東側に立つ浅草《あさくさ》神社には、観音像を引き上げた3人が祀られている。この浅草神社の祭りが、「三社祭《さんじゃ》」だ。3人は名前からして渡来人と考えられている。8世紀には多くの渡来人が関東に入植し、仏教や様々な技術をもたらした。土師氏は埴輪《はにわ》や土器の制作に優れていたことが知られている。渡来人がこの地に仏教を持ち込んだことを、観音像を川から引き上げたことにたとえたとも考えられている。

やがて大化《たいか》元（645）年、勝海上人《しょうかい》が浅草寺の観音堂を修復し、これ以降、本尊は秘仏となった。また、平安時代に入り天安《てんあん》元（857）年には、第三代天台座主円仁が来山し、秘仏である本尊の前に立つ「御前立《おまえだち》」を自ら刻んだと伝わっている。その後、浅草寺は天台宗の寺院として発展を遂げ、関東有数の寺院のひとつとなった。

浅草寺は、江戸城の表鬼門に位置する天台宗の寺であることから、家康の江戸入り以降、徳川から鬼門の守りの役割を与えられ当初は厚く遇された。浅草寺は徳川家の祈願寺（武運長久、一族繁栄を祈る寺）として重きをなし、慶長5（1600）年の関ヶ原の戦いに際し、家康はここで戦勝祈願を行なっている。なお、寺は祈願寺と死者の菩提《ぼだい》を弔う菩提寺に大別される。浅草寺は祈願寺、後に出てくる増上寺は菩提寺である。

しかし、後に東叡山寛永寺が上野の山に創建され、関東の天台宗総本山として重きを増していく中で、浅草寺はその地位をだんだん落としていった。

東叡山寛永寺は比叡山を模して一から造営した大寺院であり、上野の山は幕府の聖地となっていた。一方で、浅草寺は平地に建つ古くから庶民に親しまれて来た寺院である。また、浅草寺には秘仏の本尊が既にある。ここに、家康を中心に据えたシステムを持ち込むことは難しい。

このような事情から、幕府は何としても浅草寺の力を削ぎ、寛永寺に宗教的な中心を移そうと画策した。そのせいだろうか、三代将軍家光の代に浅草寺境内の東照宮が焼失する事件が起こるが、幕府はその再建を許さない。また、五代将軍綱吉《つなよし》の代には、浅草寺別当の智楽院《ちらくいん》が犬を打ち殺し、生類憐《しょうるいあわれ》みの令に反したとの理由で追放された。この事件以降、浅草寺は寛永寺の完全な支配下に置かれることになった。

浅草寺にしてみれば、同じ宗派の新参者である寛永寺に地位を奪われ、長くその支配下に置かれたことは大変な屈辱だったに違いない。第二次世界大戦が終了し、日本に新時代が訪れた時に合わせ、浅草寺は悲願の天台宗からの独立を図ることになる。これが、「聖観音宗」である。

幕府での地位は低くなったが、元禄時代以降、浅草寺は庶民の寺としておおいに栄えた。浅草寺の北西方面は「奥山《おくやま》」と呼ばれ（おそらく、浅草寺には南の雷門や東の二天門から入るので、その奥と呼ばれたのだろう）、茶屋や見世物小屋が立ち並ぶ江戸最大のレジャー施設となった。奥山には山や池もあり、現在、遊園地として人気の花屋敷は植物園となっていた。浅草寺は庶民の息抜きの場として機能し、監視社会である江戸の社会システムを支える役割を担っていた。

ここで、浅草寺の子院である待乳山聖天（台東区浅草）についても触れておきたい。待乳山聖天は謎深い寺である。現在は浅草寺の子院となっているが、浅草寺より前にこちらの寺があり、ここに隅田川から引き揚げた観音像を一度祀り、後に浅草寺に移ったとの説もある。

本尊の大聖歓喜天《だいしょうかんぎてん》はインド、ヒンズー教の神であり、頭が象、体が人間の男天と女天が抱合、和合した形をとり、性的なパワーを表すことから花柳《かりゅう》界で厚く信仰されてきた。歓喜天は渡来人である土師氏（三社神社の祭神）が持ち込んだとの説もある。待乳山のシンボルマークは大根と巾着《きんちゃく》で、寺の入口の提灯《ちょうちん》に描かれている。大根は夫婦和合を表し、巾着の方は商売繁盛を表すといわれているが、どちらも大変セクシーだ。

待乳山聖天では、聖天像に油をかけて心願成就《しんがんじょうじゅ》を願う密教最神秘の儀式「浴油《よくゆ》祈禱」が今でも毎朝行なわれている。この寺は神仏習合の色が非常に濃い。

地形も謎である。図3-6に見るように、待乳山は隅田川に面する小高い丘に立ち、江

図3-6　東都名所　真土山之図
（国立国会図書館「錦絵でたのしむ江戸の名所」）

戸随一の眺望の名所となっていた。現在もここだけ小高い丘となっている。隅田川の西岸は蔵前《くらまえ》あたりから、この待乳山聖天まで微高地を構成し、まわりよりやや地面が高い。これは隅田川が運んだ土砂の堆積効果による自然堤防と考えられており、浅草寺も待乳山聖天もこの微高地の上に建っている。

待乳山は真土山と書いたとの説もあり、人工の山ではないようである。しかし、現在の待乳山はどう見ても不自然だ。自然堤防の小高い位置に、さらに人工的に土を盛ったのかもしれない。また、江戸時代初期に埋め立て用に周辺が切り崩され、現在の聖天の部分のみ残されたとの説もある。山の成り立ちに色々と想像を膨らませるのも面白い。

待乳山聖天は発見の多い寺で、浅草寺参詣の折には、こちらにもぜひ足を延ばすことを勧めたい。

(4) 神田明神——大怨霊将門のパワーの活用

神田明神（千代田区外神田）には平将門《たいらのまさかど》が祀られている。徳川幕府は神田明神を表鬼門の守りとした。

それはなぜか。

答えは将門が朝廷に反逆し、関東に新たな王権を樹立しようと図り、果たせず大怨霊となったからである。徳川幕府は自らも関東にあって朝廷と対峙する立場にあり、この将門のパワーを自らの守りとすることを目論《もくろ》んだ。このため、幕府は江戸城の表鬼門の方角に神田明神を配置したと考えられる。

簡単に将門の一生と承平《じようへい》5（935）年〜天慶《てんぎよう》3（940）年の「将門の乱」を見てみたい。

将門は桓武天皇の子孫である高望王《たかもちおう》の孫に当たる。高望王は臣下に降って平氏を名乗り、上総介《かずさのすけ》として上総国（現在の千葉県）を支配した。将門の父の良持《よしもち》は鎮守府《ちんじゆふ》将軍の位を朝廷から与えられていた。将門は桓武天皇の系統なので血筋はいい。15歳あるいは16歳で京に上り立身出世を目指したが、藤原一族が支配する都では望んだようなポストは得られなかった。

父良持の死去に伴い、失意のまま国元に帰った将門には、平氏一門の争いが待っていた。父の領地をめぐり、将門は叔父の平国香《たいらのくにか》らと戦うことになった。この争いとそれに続く一門間の戦いに将門は勝利し、一旦は坂東《ばんどう》に平和が訪れた。

承平7（937）年になると富士の大噴火が起き、坂東は大飢饉に襲われた。この時、国司の厳しい税の取り立てに苦しむ農民たちに、将門は温かい手を差し伸べたといわれている。後に坂東の独立を目指した将門は、坂東の農民たちの希望の星だった。これが、後々の広くて高い将門人気の元になったと考えられる。

さらに、常陸国《ひたちのくに》（現在の茨城県）の豪族間で争いが起き、将門を慕って助けを求めてきた一方の当事者である藤原玄明《はるあき》を将門は匿《かくま》った。このため、常陸国の国府軍と戦うことになり、国府の印と国府の財源を納めた倉を奪ってしまう。この意味は大きい。国府は朝廷の正式な機関だから、これは朝廷への明確な反逆とみなされた。

将門は戦に強かった。天慶2（939）年中に常陸国に続き、下野《しもつけ》（栃木県）、上野《こうずけ》（群馬県）の国府を攻め落とし国司を追放した。その後、将門は関東一円を支配下に置き、京都の朝廷に対抗して自らを「新皇《しんのう》」と称し、坂東の独立を目指した。

一級資料である『将門記《しょうもんき》』には、神懸かった巫女《みこ》が次のように託宣《たくせん》したことが記されている。

自分は八幡大菩薩の使いである。将門には八幡大菩薩の位を授けよう。その位は、菅原道真が保証しよう。

ここで注目されるのは、巫女は将門に八幡大菩薩の位を与えると告げ、新皇にするとは言っていない点である。京都にいる天皇は天照大御神を始祖とする現人神《あらひとがみ》なので、対抗するには将門も神になる必要があったのだろう。これは家康を最高神（東照大権現）として祀った徳川幕府の発想と同じである。

いずれにしても、新興の神である八幡神（八幡大菩薩）と日本最強の怨霊である道真が将門の後ろ盾となり、さぞや朝廷は恐怖に慄《おのの》いたことだろう。

なお、八幡神は謎の多い神である。八幡神社はわが国の神社の内、3分の1程度を占めるといわれ非常に数が多く、町歩きすると至るところで目にすることができる。しかし、祭神である八幡神の由来はよく分かっていない。

八幡神は、8世紀に九州豊前国宇佐地方に突然出現した新しい神である。八幡神は八幡大菩薩ともいい、巫道《ふどう》（朝鮮由来のシャーマニズム）、道教、仏教などが融合してできた神仏習合の神の先駆けと考えられている。後に八幡神は大和朝廷の勢力を大きく伸ばした応神天皇の霊と同一視されるようになった。

天平勝宝元（749）年、聖武天皇が発願した東大寺大仏造営工事に際し、八幡神は託宣を下し、よろずの神々を引き連れて大仏造営工事に助力するため平城京に上京を開始した。八幡神を奉じ上京した大神杜女《おおがみのもりめ》は、僧侶の姿をした巫女であった。翌年、東大寺では八幡神を迎え、聖武太上《だいじょう》、孝謙《こうけん》天皇などが参加して、僧侶5000人による読経などの法要が営まれている。

突然九州で興り、早々に奈良に上り、朝廷から破格の扱いを受けているのは大変不思議だ。何か正史には残っていない霊験《れいげん》があったのかもしれない。いずれにしろ、『古事記』や『日本書紀』には現れない出自も不明な神であるだけに、ある意味恐ろしい存在だった。

さて、それまでの権力争いはあくまで朝廷の枠組みの中で行なわれ、次の天皇が誰になるかが主題であった。ところが将門は京都の枠組みの外に王権を樹立し、新たに天皇を擁立できる可能性を示した。これは朝廷にすれば、戦慄すべきパラダイムシフトであったに違いない。このため、全力で将門を潰しにかかった。

天慶3（940）年、朝廷から将門追討令が発せられ、全国の寺社で調伏祈禱が行なわれた。天台宗では、高名な密教僧の浄蔵《じょうぞう》による大威徳《だいいとく》法による修法が延暦寺で行なわれた。真言宗では、空海作と伝わる不動明王像を成田山《なりたさん》に運び込み、そこで護摩《ごま》祈禱を行なった。これが成田山新勝寺《しんしょうじ》の始まりである。現在でも、神田明神の氏子は成田山には詣でないという。これは、この時の因縁があるからである。

結局、将門は即位して2カ月足らずで藤原秀郷《ひでさと》（坂東の有力な豪族。別名は俵藤太《たわらのとうた》）、平国香の息子の平貞盛《さだもり》らにより討ち取られてしまう。猿島《さしま》地方を舞台とした北山の戦いで将門軍は当初優勢であったが、風向きが変わりどこからともなく飛んできた流れ矢が将門の眉間《みけん》を貫き、討ち取られたと伝えられている。それまでの勢いから考えるとあっけない最期だった。

将門の首は京都に送られ、七条河原でさらし首にされた。将門の首は何カ月間も色が変わらず、目を見開き、夜な夜な叫び、京都の人々は大いに恐れ、その後自分の胴体を求めて関東へ飛び去ったと伝えられている。

この首が落ちたといわれる場所が、武蔵野国豊島《としま》郡芝崎村（現在の千代田区大手町周辺）であり、今も将門の首塚はここにある。この場所は、江戸前島の西の根元部分、日比谷入江の奥である。

首が落ちた場所がなぜ芝崎村なのかは分からない。本来は、もっと縁のある上総国などに首が戻ってもいいと思うが、江戸氏が移住してきた時、首を持ち込んだとの説もある。

大手町の首塚は現在まで動いていない。これは、将門の祟りと考えられる事件が、近年も数多く実際に起こっているからである。

例えば、大正12（１９２３）年に発生した関東大震災のあとに、大蔵省の敷地内にあった首塚を崩してその上に仮庁舎を建てた際には、大蔵省関係者や工事関係者に多くの不審死とけが人が続出した。結局、仮庁舎は取り壊され、大蔵省関係者によって盛大な鎮魂祭が執《と》り行なわれている。

そもそも、将門の首塚の上に仮庁舎を造ったのは、朝廷に反旗を翻《ひるがえ》した将門を軽んじていたからに他ならない。そんな精神構造の大蔵省のエリート官僚たちが、わざわざ将門鎮魂の儀式を行なったのは、相当に恐ろしい事件があったからに違いない。

また、第二次世界大戦後には、日本に乗り込んできたGHQ（連合国最高司令官総司令部）が、丸の内と大手町周辺の区画整備のため首塚を撤去しようとしたが、撤去工事のブルドーザーが転倒し運転手が死亡するなど不審死が数多く起こり、この時も工事は中止となっている。

さて、この将門を祀るのが神田明神、正式名称は神田神社である。社伝によると神田明神の由来は次のようなものである

> 当社は天平2（730）年に出雲氏族で大己貴命《おおなむちのみこと》の子孫・真神田臣《まかんだおみ》により武蔵国豊島郡芝崎村——現在の東京都千代田区大手町・将門塚周辺——に創建されました。その後、天慶の乱で活躍された平将門公を葬った墳墓（将門塚）周辺で天変地異が頻発し、それが将門公の御神威として人々を恐れさせたため、時宗《じしゅう》の遊行僧・真教上人《しんきょうしょうにん》が手厚く御霊をお慰めして、さらに延慶《えんきょう》2（1309）年当社に奉祀いたしました。
>
> 慶長5（1600）年、天下分け目の関ヶ原の戦いが起こると、当社では徳川家康公が合戦に臨む際、戦勝のご祈禱を行ないました。すると、9月15日、神田祭の日に見

事に勝利し天下統一を果たされました。これ以降、徳川将軍家より縁起の良い祭礼として絶やすことなく執り行うよう命ぜられました。

江戸幕府が開かれると、当社は幕府の尊崇する神社となり、元和2（1616）年に江戸城の表鬼門守護の場所にあたる現在の地に遷座し、幕府により社殿が造営されました。以後、江戸時代を通じて「江戸総鎮守」として、幕府をはじめ江戸庶民にいたるまで篤い崇敬をお受けになられました。


ここに記されているように、神田明神はもともと将門を祀るために造られたものではない。神田明神の創建は天平2（730）年に遡り、出雲族出身の真神田氏が現在の大手町に出雲系の神である大己貴命（通称だいこく様）を祀ったのをはじめとする。将門が討ち取られるのは天慶3（940）年なので、この神社は将門首塚が築かれる200年以上前から芝崎村にあったことになる。

徳治《とくじ》2（1307）年には、時宗の真教上人が、疫病などに苦しむ芝崎村の村人のため荒れ果てていた首塚を修復し、塚の近くにあった天台宗の寺を時宗の「芝崎道場（後の日輪寺《にちりんじ》）」に改めて将門を供養した。また、2年後の延慶2（1309）年には、将門の霊を首塚近くにあった神田明神に合祀《ごうし》した。これは、将門が憤死してから400年近く後になる。

なお、芝崎道場はその後場所を何回も替え、現在は神田山《かんださん》日輪寺（台東区西浅草）として西浅草にある。真教上人は将門に「蓮阿弥陀仏《れんあみだぶつ》」という法号を与え、この法号を石塔婆《いしとうば》に刻んで供養した。これにより芝崎村の疫病は収まったと伝えられており、この石塔婆の写し（複製）がいまも日輪寺の境内に残っている。

ただし、現在この寺に将門の影は薄い。石塔婆も説明のないまま、境内にひっそりと置かれており、何の気なしに訪れたら将門に縁のある寺とは気づかないかもしれない。

江戸時代になると、神田明神は江戸城拡張工事に伴い駿河台へ仮遷宮したあと、元和2（1616）年に現在の地、江戸城の表鬼門に当たる千代田区外神田に落ち着いた。神田明神は「江戸総鎮守」という最高の社格を与えられ、表鬼門の守りとするため現在の地に移された。ここには、天海の明確な意思があったと見て間違いないだろう。

さて、「神田の山」は、山と呼ばれるだけの地形を有している。神田明神の前を通り北西の方角に走る本郷通りは比較的平らだが、敷地の南側は駿河台の斜面、東側は旧石神井川が削った崖、北側は樹木谷を作った河川が掘削した崖となっている。東の方角から神田明神に通じる男坂、女坂（坂といっても、どちらも急な階段であるが）を上がって行くと、この地が山であることを実感できる。神田堀の掘削工事は元和6（1620）年から始まるので、神田明神がこの地に移った元和2（1616）年の時点では、神田堀の深い渓谷はまだできていないが、この堀が掘削された以降は南側にも高い崖が打ち続き、山であることを一層感じさせた地形になったと考えられる。

最後に、首塚はなぜ大手町に残ったのか。

まえに述べたように神田明神は将門だけを祀っているのではない。現在の祭神は、大己貴命、少彦名命《すくなひこなのみこと》、平将門命の三神であり、少彦名命は通称えびす様だ。

明治になると天皇を戴く明治政府では、「朝廷に反逆した将門を神田明神に祀るのは如何《いか》なものか《が》」との議論が起こった。結局、将門は祭神から外され、摂社として将門神社が建てられて将門はそこに移された。この代わりといっては何だが、茨城県の大洗磯前《おおあらいいそざき》神社から、大己貴命と関係が深い出雲系の神である少彦名命が新しく勧請された。将門の方は、氏子たちの熱心な活動が身を結び、昭和59（1984）年、やっと祭神に復帰している。

神田明神はもともと、大己貴命を祀るために創建され、将門はいわばあとからやって来た「新参者の神」だった。将門にとって、本来の自分の居場所はあくまで大手町の首塚であり、現在もこの地に大きなパワーを持って鎮座していると考えた方がよさそうだ。

●江戸の裏鬼門の霊的防衛

次に裏鬼門(坤=南西)の霊的防衛について見てみよう。

改めて確認するが、そもそも裏鬼門との言葉は中国にはなく、裏鬼門は「寺院や民家の裏側の空間には恐ろしい神々がいる」という日本独自の観念から発生した。

平安初期には表鬼門は重視されたが裏鬼門の観念はなかったか、あまり重視されなかった。その後、陰陽師たちの手によって日本の風水が独自に進化する中で、裏鬼門も重視されるようになり、江戸ではこの方角に複数の寺社が配された。

これから説明するように、裏鬼門の霊的防衛は図3-7に示す以下の寺社が担ったと考えられる。この内、増上寺と山王社については、従来から繰り返し語られているので異論はないかもしれない。本書では、これに目黒不動を加えたい。

・増上寺

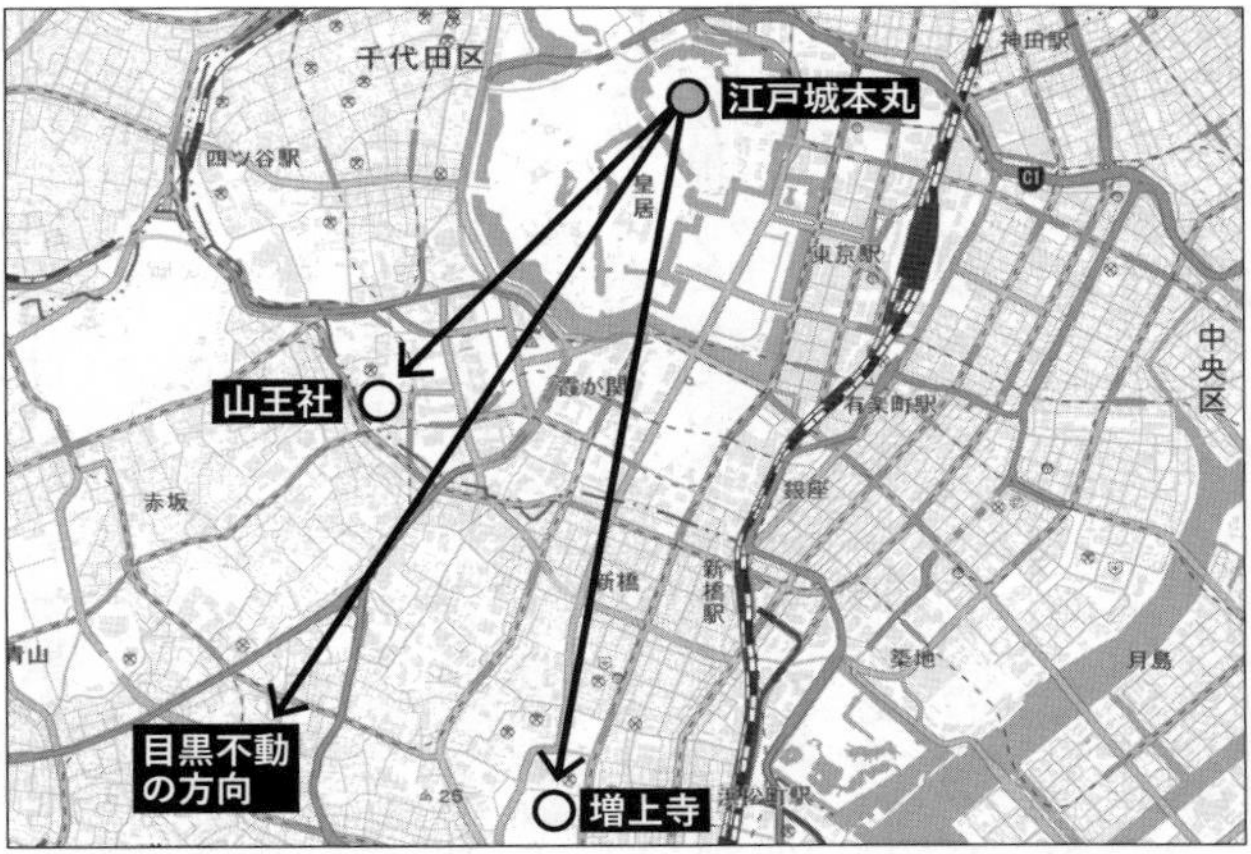

図3-7　裏鬼門の守り（国土地理院地図 GSI Mapsに基づき作成）

・山王社（日枝神社）
・目黒不動

（1）増上寺
——寛永寺と争った徳川の菩提寺

増上寺に接し、都内最大の前方後円墳が現存している。これを芝丸山《しばまるやま》古墳（港区芝公園）という。この古墳は5世紀頃に造られたと考えられており、芝公園の奥にある全長100メートル強の小高い丘がそれに当たる。この古墳の存在を知る人は案外少ないかもしれない。町歩きの穴場でもある。

芝丸山古墳は古川《ふるかわ》により削られた淀橋台の南端に位置している。かつて、芝は海に面した岬となっており、海からはこの古墳がよく見えた。増上寺は古くから神聖な場所とみなされてきた台地の縁に建てられている。

増上寺の社伝などを参考にすると、増上寺は、明徳《めいとく》4（1393）年、浄土宗第八祖酉誉《ゆうよ》聖聡上人《しょうそうしょうにん》によって開かれた。場所は武蔵国豊島郡貝塚《かいづか》（現在の千代田区平河町《ひらかわちょう》から麴町周辺）と伝えられている。室町時代の開山から戦国時代にかけて、増上寺は浄土宗の東国の拠点として発展していった。

家康が江戸に入った天正18（1590）年、まだ豊島郡貝塚にあった増上寺は徳川家の菩提寺となった。菩提寺とは遺体を納めて弔《とむら》う寺をいう。当時の増上寺の法主は源誉存応《げんよぞんのう》であり、家康は存応に帰依し増上寺の檀家になった。徳川家は三河にある浄土宗の大樹寺を菩提寺としていたので、増上寺とは浄土宗つながりで縁があった。

増上寺は、慶長3（1598）年、現在の芝の地に動かされた。ここは江戸城から見て裏鬼門の方角に当たり、古墳がある台地の縁の神聖な場所である。また東海道がその前を通る交通の要衝《ようしょう》でもある。場合によっては、東海道を西から攻め上ってくる敵に対抗するため、境内を兵力のたまり場としても利用できる。徳川はこのような好条件の場所に、増上寺を移転させたと考えられる。

さて、家康が江戸入りしてからしばらくの間は、表鬼門は祈願寺である「浅草寺」に、裏鬼門は菩提寺である増上寺に守らせる構想があった。どちらも、家康の江戸入り前から既にあった寺院であり、徳川は古くからある宗教インフラを上手く利用することを考えたと思われる。

その後、増上寺は家康の手厚い保護を受け大いに発展した。

元和《げんな》2（1616）年に家康が没すると、家康の遺命によりその葬儀は増上寺で営まれた。続いて同年、芝丸山古墳を背にした場所に芝東照宮の普請が始まり、これは翌年完成した。また、二代将軍秀忠は増上寺に埋葬されている。

しかし、増上寺にも寛永寺が影を落とす。神君となった家康が日光に祀られるのは仕方ないとしても、家康を慕う三代将軍家光は遺言に従い日光に埋葬され、四代家綱、五代綱吉は続いて上野寛永寺に埋葬されてしまった。家康は、寛永寺は祈願寺、増上寺は菩提寺と役目を定めたのであるから、これは明らかに神君の意向を無視したルール違反である。

増上寺の強い抗議があり、苦慮した幕府は折衷《せっちゅう》案を出した。これ以降、将軍の遺体は寛永寺と増上寺で交代に埋葬されることになり、増上寺には、二代秀忠、六代家宣《いえのぶ》、七代家継《いえつぐ》、九代家重《いえしげ》、十二代家慶《いえよし》、十四代家茂《いえもち》の六人の将軍の墓所が設けられている。

（2）山王社――裏鬼門を守る要の神社

日枝神社（千代田区永田町）は、外堀通りを見下ろす永田町の台地の上に建っている。ここは江戸時代には「山王社」と呼ばれ、日枝神社と呼ばれるようになったのは明治以降のことだ。

『新編千代田区史通史編』などによれば、山王社は鎌倉初期に秩父《ちちぶ》（江戸）重継が江戸の館に川越山王社（川越日枝神社）を勧請したことに始まる。文明10（1478）年、太田道灌は江戸城築城に当たり、改めて川越山王社を江戸城内に勧請した。

そもそも、川越山王社は比叡山延暦寺の日吉大社を秩父平氏の本拠地だった川越に勧請したものである。したがって次のような順で勧請された流れになる。

日吉大社（比叡山）→川越山王社→江戸の山王社

太田道灌が勧請した山王社は、江戸城内北側の梅林坂《ばいりんざか》にあったと考えられている。比叡山の守り神である日吉大社の分社が江戸城内に既にあったのだから、江戸入りした徳川がこれを重く用いないわけはないだろう。

山王社は、まずは江戸城内で梅林坂から紅葉山に動かされ、城内鎮守の神、将軍家の産土神《うぶすながみ》（人が生まれた場所を守る神。そこに生まれた人ならばどこに動いても、一生の守り神となってくれる）として崇められた。江戸城については、あとで改めて説明するが、紅葉山はもともと古墳があったともいわれる聖地で、最終形となった江戸城の中心に位置する場所である。

また、二代将軍秀忠の代に行なわれた江戸城大改造の際、山王社は社殿を新築し紅葉山から麴町隼《はやぶさ》町（現在の国立劇場付近）に移された。山王社の境内は広大で、一般庶民も参拝できる神社となったが、明暦《めいれき》3（1657）年の大火（いわゆる振袖《ふりそで》火事）で焼失した。四代将軍家綱は松平忠房《まつだいらただふさ》の屋敷を山王社に当てることを決め、万治《まんじ》2（1659）年現在の千代田区永田町の地に贅《ぜい》を尽くした権現造の社殿が完成した。

図3-8に見るように、山王社は次のように動いている。

梅林坂（江戸城内）→紅葉山（江戸城内）→隼人町→永田町（現在地）

山王社は江戸城内で紅葉山に移されて以降、いずれも江戸城から見て裏鬼門の方角の移

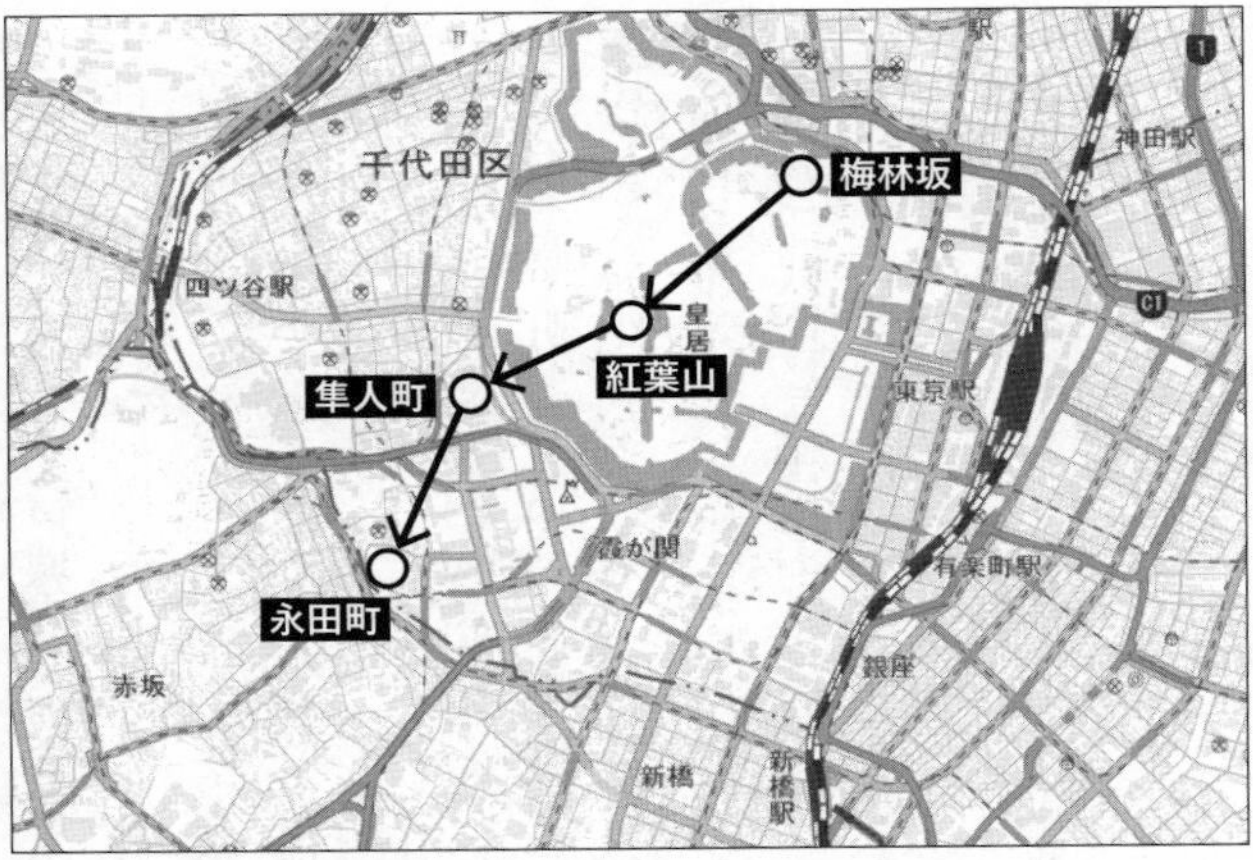

図3-8　日吉大社の移動（国土地理院地図 GSI Mapsに基づき作成）

動を繰り返し、最後に定まった永田町の地はまさに裏鬼門の方角に当たっている。幕府は、裏鬼門の守りは山王社に任せることを当初から強い意志で考えていたことがうかがわれる。本書が挙げる裏鬼門を守る３つの寺社の内、最重要視されたのは、山王社と考えてよいだろう。

江戸の山王社も比叡山の日吉大社にならい、魔よけの猿が使いとされた。参拝の正規のルートである男坂を上がった先にある神門の裏には、雌雄一対の猿の神像が左右に安置されており、本殿の前には狛犬に代わり雌雄一対の石の猿が左右に配されている。神門裏の猿の神像と本殿前の石の猿は向かい合って山王社の境内を見守っている。

また、江戸三大祭のひとつである山王祭は、その神幸《しんこう》行列が江戸城内に入ることを許され、将軍が上覧したことから「天下祭」と呼ばれた。この神幸行列に加えられた山車《だし》（牛や人がひいた飾り付けた移動神座）の1番目は天下泰平を象徴する諫鼓鶏《かんこどり》の山車、2番目は山王社の使いの猿の山車と決められていた。

さて、山王社は淀橋台に属する麹町台地の縁に立っているが、この場所は四方を崖や斜面に囲まれて本当の山のように見える。下末吉面の淀橋台は河川に浸食されて起伏に富んでいる。しかし、台地が河川に浸食されても、せいぜい三方が崖や斜面となるのみで四方が削られることは極めて珍しい。

じつは、ここの地形は古くに改変されている。この地には戦国時代中期に、「星ヶ岡城」があった。図3-9に見るように、麹町台地の突出部に主郭《しゆかく》、副郭、外曲輪《そとくるわ》から成る星ヶ岡城が造られた。この副郭部分が後に山王社の敷地となり、外曲輪は日比谷高校の敷地となった。星ヶ岡城の副郭と外曲輪の間には堀が穿《うが》たれていたが、現在ここは日枝神社と日比谷高校の間を通る緩やかに曲がる坂道になっている。なお、曲輪とは濠などによって区画された城郭のエリアをいう。

また、外曲輪北側の堀は埋められて、日比谷高校の校門に通じる「新坂」となっている。こうした戦国時代の台地の改変により、この場所は神社を建てるのに最適な、あたかも山のような地形となっていた。

なお、山王社の眼下には溜池があった。溜池はその名のとおり、堰《せき》（堤防）を築いて「旧汐留川《しおどめ》」をせき止めた人工湖である。溜池は慶長11（1606）年頃完成し、神田上水や玉川上水ができるまで、この水が飲料用として用いられた。この地は風光明《めい》媚《び》で、後に浮世絵によく描かれた。広重の『江戸名所百景』では、溜池の堤防から水が滝となって落ちる様子が描かれている。

なお、現在、外堀通りを日枝神社から新橋に向かって歩いて行くと、特許庁まで道はやや上っていき、虎《とら》ノ門《もん》交差点に向かって今度は下っていく。このように、特許庁から虎の門病院周辺の土地が高いのは、取

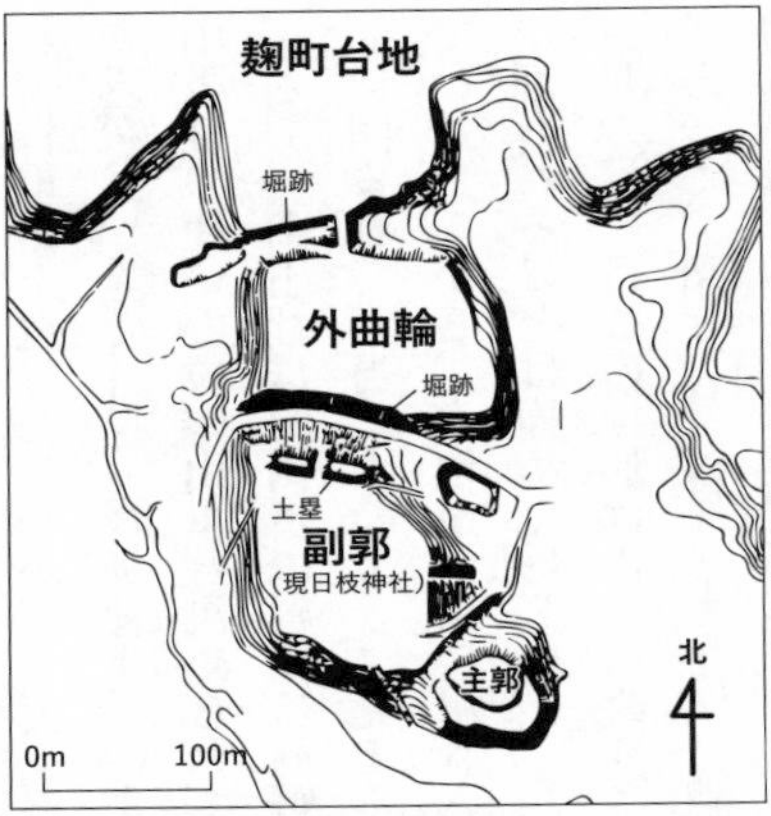

図3-9　星ヶ岡城復元図
（『別冊宝島　徳川将軍家の謎』藤井尚夫「平和時にも拡張された軍事政権の象徴・江戸城」を基に作成）

り壊された溜池の堰の名残である。

（3）目黒不動――天海に狙われた天台の古刹

目黒不動（泰叡山瀧泉寺《たいえいざんりゅうせんじ》、目黒区下目黒）も、江戸の霊的防衛装置として組み込まれ、裏鬼門の守りを担っていたと考えることができる。

目黒不動の由来によると、本寺の創建は平安時代の大同《だいどう》3（808年）年に遡る。15歳になった後《のち》の慈覚大師円仁《じかくだいしえんにん》（第三代天台座主）は、師の広智阿闍梨《こうちあじゃり》に連れられて、故郷の下野国から比叡山へ向かう途中、目黒の地に立ち寄った。その夜、円仁の夢の中に、顔面青黒く、右手に降魔《ごうま》の剣を提《さ》げ、左手に縛《ばく》の縄を持った恐ろしい形相《ぎょうそう》の神人が枕の上に立ち現れ、次のように告げた。

> 我この地に迹《あと》を垂れ、魔を伏し、国を鎮めんと思うなり。来《きた》って我を渇仰《かつごう》せん者には、諸々の願ひを成就させせん。

「この地に迹を垂れ」とは、「本地垂迹説」により仏が神の形で現れたことを意味している。

夢から覚めた円仁は、目に焼き付いたこの神人を像に刻んで安置した。後に円仁は遣唐使として唐に渡り、長安の青竜寺《せいりゅうじ》の不動明王を拝した際、目黒で出会った神人がこの不動明王であることを悟り、帰国後、目黒に堂宇を建立した。この時、円仁が独鈷《とっこ》（煩悩を打ち砕く法具）を投じると、そこから泉が湧出し「独鈷の瀧《たき》」と名づけられたと伝えられている。この霊験から「瀧泉寺」と号し、貞観2（860）年には清和《せいわ》天皇より「泰叡」の勅額を賜り、以来「泰叡山瀧泉寺」と称するようになった。

このように、目黒不動は、本書で再三名前の出て来る第三代天台座主、円仁ゆかりの天台の寺として平安時代にスタートした。

円仁は天台宗の興隆の基礎を築いた高僧で、布教のため関東や東北を巡礼し、関東だけでも200以上の寺を開山したり再興したりしたといわれている。しかし、この数はいくら何でも多すぎる。円仁とのゆかりを掲げることは、一種のステータスになっていたと思われる。

また、目黒の地名の歴史は古く、牧場があったので「黒々とした馬の目」にちなんで目黒と呼ばれたなど諸説あるようだ。「目黒不動」との呼び名は、目黒の地に祀られた不動明王をこう呼んだのであって、目の黒い不動に因《ちな》んでこの地が目黒と呼ばれるようになったわけではない。

目黒不動は、鷹狩りを通じて三代将軍家光と関係ができたと伝えられている。寛永元（１６２４）年に家光が目黒で鷹狩りを催《もよお》した時、かわいがっていた鷹がいなくなってしまう。困った家光が、目黒不動別当の実栄《じつえい》に祈らせたところ、鷹はたちまち境内の松の枝に飛び戻って来た。これ以降、目黒不動は幕府の手厚い庇護を受け大寺院に発展し、境内には堂宇伽藍が造られた。

別当の実栄が亡くなると、目黒不動にも寛永寺の手が伸びてきた。寛永７（１６３０）年、天海は「寛永寺の子院である護国院と泰叡山瀧泉寺の両寺は一主として、天下安全の祈禱を怠《おこた》らないこと」を旨とする令書を出した（『郷土目黒第四十集』）。

これにより、護国院《ごこくいん》の住職生順《せいじゅん》が目黒不動を兼管するようになり、目黒不動は寛永寺の子院となり、その支配下に置かれることになった。なお、生順は天海の片腕といわれた高僧であり、天海の命により上野寛永寺の最初の子院である護国院を創建した。後に関東天台十檀林《だんりん》に数えられる上総国の長福寿寺《ちょうふくじゅじ》や下総国《しもうさ》の宗光寺《しゅうこうじ》も兼管している。

目黒不動が寛永寺の支配下に置かれるのは、浅草寺と同じパターンであり、想像力を逞《たくま》しくすると、家光が鷹狩りにかこつけて立ち寄ったのも、目黒不動取り込みのための布石かもしれない。

前に説明したように、江戸城の表鬼門の守りは、神田明神に加え、どちらも天台宗の寛永寺と浅草寺が担っていた。一方、裏鬼門には日吉大社の分社である山王社と浄土宗の増上寺があったが天台の寺はなかった。増上寺は神君家康が徳川家の菩提寺と定めた格式高い寺なので、天海といえども、うかつには手が出せない。ちょうどいいことに、江戸城の裏鬼門の方角に天台宗の目黒不動が建っており、ここには円仁ゆかりの霊験あらたかな不動明王が祀られていた。天海は目黒不動を東叡山寛永寺の支配下に置くことで、裏鬼門についても天台宗による守りを強固にすることを狙ったものと考えられる。

さて、目黒不動は東側が目黒川によって、南側は羅漢寺《らかんじ》川によって削られた起伏に富んだ台地の縁に立っている。羅漢寺川によって台地が削られ崖ができ、そこからは水が湧き出して独鈷の瀧となっていた。

羅漢寺川は、現在暗渠《あんきょ》となっているが、「林試《りんし》の森公園（品川《しながわ》区小山台《こやまだい》）」の北側に沿って東に流れ、目黒不動の門前を流れて目黒川に注いでいる。この暗渠は今でも比較的容易に辿ることができるので、暗渠初心者にはお勧めである。羅漢寺川はもともと、独鈷の瀧のある境内の崖のすその位置を流れていたが、境内を広げる際に南側を迂回させたと見ていいだろう。

江戸時代、目黒は風光明媚な江戸の郊外で、目黒不動は日帰りで気楽に行ける観光名所として大変繁盛した。目黒不動に参詣するには、三田《みた》から白金《しろかね》に抜け、あるいは麻布から広尾《ひろお》に抜けて、行人坂《ぎょうにんざか》上の富士見茶屋を目指した。ここからの富士の眺めは格別だったといわれている。茶屋で一服したあとは、深い谷底に向かい行人坂を下り、目黒川に架かる太鼓橋を渡って小道を進んで行く。

目黒不動の門前には多くの茶店が並んで大変繁盛していたが、境内に入ると雰囲気は一変し独鈷の瀧を左に見て、うっそうとした木々の間の長い階段（男坂）を大本堂に向かって上がって行った。このような非日常性が多くの人々を引き付けたことは間違いない。

目黒不動は裏鬼門の守りの役目ばかりでなく、江戸の人々の息抜きの場所となることで、他の寺社と同様に江戸の社会システムを支える一翼を担っていた。

（４）五色不動と天海デザイン説

目黒不動を話したついでに、江戸の五色不動について検討しておきたい。

「天海は家光の時代に江戸城のまわりに五色不動を配し、江戸城の守りとした」との説がある。江戸の五色不動とは、目青《めあお》不動、目赤《めあか》不動、目黄《めき》不動、目白《めじろ》不動、目黒不動のことをいうが、この内、目黒不動、目白不動、目赤不動は「江戸の三不動」として知られており、江戸時代の文献にも名前が出てくる。

目白不動は、正式には「東豊山《とうぶざん》浄滝院《じょうりゅういん》新長谷寺《しんはせでら》」と号す真言宗豊山派の寺であり、元和4(1618)年に奈良の長谷寺(奈良県桜井市初瀬《はせ》)の第四世小池坊秀算《こいけぼうしゅうざん》が中興した。関口駒井町《せきぐちこまいちょう》(現在の江戸川公園の裏)の目白坂上にあり、二代将軍秀忠、三代将軍家光の保護を受け、秀忠は堂宇伽藍を建立《こんりゅう》し大寺院となった。

なお、真言宗豊山派は奈良の長谷寺を総本山とする真言宗の一派なので、これだけでも天海デザイン説は怪しくなる。

家光は目黒不動に則《のっと》りこの寺に「目白不動」の号を与え、以降、この地は目白と呼ばれるようになったと伝えられている。あるいは、この地はもともと「目白」と呼ばれており(牧場にいた白馬《しろめ》が馬白《めしろ》に転じ、目白になったなどの説がある)、家光は地名にちなんで目白不動の号を与えたともいわれている。

目白不動は、後に護国寺《ごこくじ》が建立された場所にも近く、五代将軍綱吉の生母桂昌院《けいしょういん》(護国寺のところで改めて述べる）も深く帰依した。ここは神田川を見下ろす崖上の景勝の地で、茶屋などが建ち並ぶ江戸の名所となっていた。なお、目白不動は第二次大戦の空襲で焼失し廃寺となり、金乗院《こんじょういん》（豊島区高田《たかだ》）に合併され、不動明王像は現在ここにある。

もうひとつの目赤不動は、正式には「大聖山東朝院南谷寺《だいせいざんとうちょういんなんこくじ》」という天台宗の寺である。元和年間（１６１５〜１６２４年）比叡山で修行した万行律師《まんぎょうりつし》が、赤目四十八滝《あかめしじゅうはちたき》で有名な伊賀《いが》の赤目山（三重県名張《なばり》市赤目町）で黄金の不動明王像を授けられ、東国に下って下《しも》駒込村《こまごめ》の今の動坂《どうざか》（文京《ぶんきょう》区本駒込）に庵《いおり》を設けたのをはじめとする。

霊験あらたかな寺として有名になり、この地は不動坂と呼ばれ、後に動坂の名に転じた。寛永14（１６３７）年に鷹狩りで訪れた家光と縁ができ、現在の寺地（文京区本駒込）を与えられた。家光の命により、赤目山にちなんで目赤不動と改称し、江戸の三不動として評判になったといわれている。

目黒不動、目白不動、目赤不動を結ぶキーワードは「家光」と「鷹狩り」である。

もともと鷹狩りは多くの兵士を動員し広大な原野を駆け回る軍事訓練としての性格も持っていたが、平和な時代になると心身の鍛錬やレジャーを目的に江戸の近在で行なわれるように変化した。また、城下視察の意味もあったらしい。目黒、目白、駒込は雑木林や田んぼが広がる鷹狩りの適地であり、鷹狩りを好んだ家光もよく訪れたといわれている。家光は狩場で出会った不動に縁《えにし》を感じ、狩場の守護を不動明王に託したと想像される。したがって、三不動は天海がイニシアティブを取ったものではないだろう。

また、江戸川柳《せんりゅう》では「五色には二色足らぬ不動の目」と詠われていたとの話もある。この川柳から、「江戸時代には三色の不動しか存在しなかったこと」「陰陽五行説に則《のっと》り、五つの不動を求める潜在的な願望が存在していたこと」が認められる。

江戸時代、寺社奉行によって寺社は厳しく管理されており、自らを三不動と同格の寺であるなどと、うかつに言い出すことはできなかった。明治になってそのタガが外れた時、五つの不動を求める民衆の願望に沿う形で、目青不動、目黄不動を名乗る寺が現れたものと考えられる。

五色不動は、陰陽五行説に適っており、都城を何かで取り囲み霊的に防衛する発想は、平安京の大将軍や岩倉との対比からも大変面白いが、天海デザイン説には疑問を呈しておきたい。

●幸運も魔物も呼び込む天門の守り

江戸城の表鬼門と裏鬼門には重要な寺社が数多くあり、江戸の霊的防衛では、表鬼門と裏鬼門が特に強く意識されたと考えられる。しかし、陰陽道では天門（乾＝北西）の考えもあり、徳川はこの方角にも霊的防衛装置を用意した。

柳田國男《やなぎたくにお》は『風位考』の中で「我が国の多くの地方では、農民にとっても漁民にとっても害の大きい強い北西の風が吹き、これは悪霊が吹かす風と考えられていたこと」「この北西の方角に亡霊の集まる黄泉国《よみのくに》があると考えられていたこと」を指摘している。

また、北西の風を防ぐため、大和では北西の方角に風神を祀る例があることを指摘している。柳田によれば、この乾（北西）の方角を恐れる考えは、仏教伝来以前の日本古来のものだった。

三谷栄一《みたにえいいち》は『日本文學の民俗學的研究』において柳田の考えを発展させ、北西の風は祭礼を受けない悪霊の災いによるものであるが、きちっと祀れば祝福をもたらしてくれる祖霊の訪れのしるしでもあることを指摘している。三谷によれば、乾の隅は家の中で最も重要な神聖な場所とみなされ、屋敷神はこの方角に祀る必要があり、富をもたらす倉をこの方角に建てることもいいと考えられていた。

以上に述べた日本古来の考えが風水に入って天門（乾＝北西）と結びつき、天門は怨霊や魔物が出入りする危険な方角であるが、この門を鎮めると福を呼び込み家運が繁栄する方角でもあるとの観念が生まれたと考えられる。したがって、天門はやみくもに閉じるのではなく、鎮めることで福を呼び込む両義的な方角として扱われた。

(1) 天門の道——隠された江戸城の仕掛け

図3-10に示すように、江戸城北の丸の中央には天門（乾＝北西）の方角に延びる道が設けられていた。本書ではこれを「天門の道」と呼ぶことにする。

江戸城北の丸の「天門の道」は、悪霊が出入りする危険な方角であると共に、この門を鎮めると福を呼び込む天門の性格を踏まえ、徳川家の家運隆盛を願い設けられたと考えられる。この道は、祖霊が吹かす乾の風が淀《よど》むことなく流れるように、まっすぐに道幅も広く整えられた。

天門の道の先には、次に述べる「筑土《つくど》神社」と「護国寺」が位置しており、護国寺参道の春日通りと江戸城北の丸の天門の道は、天門の見えない糸で結ばれていると考えられなくもない。

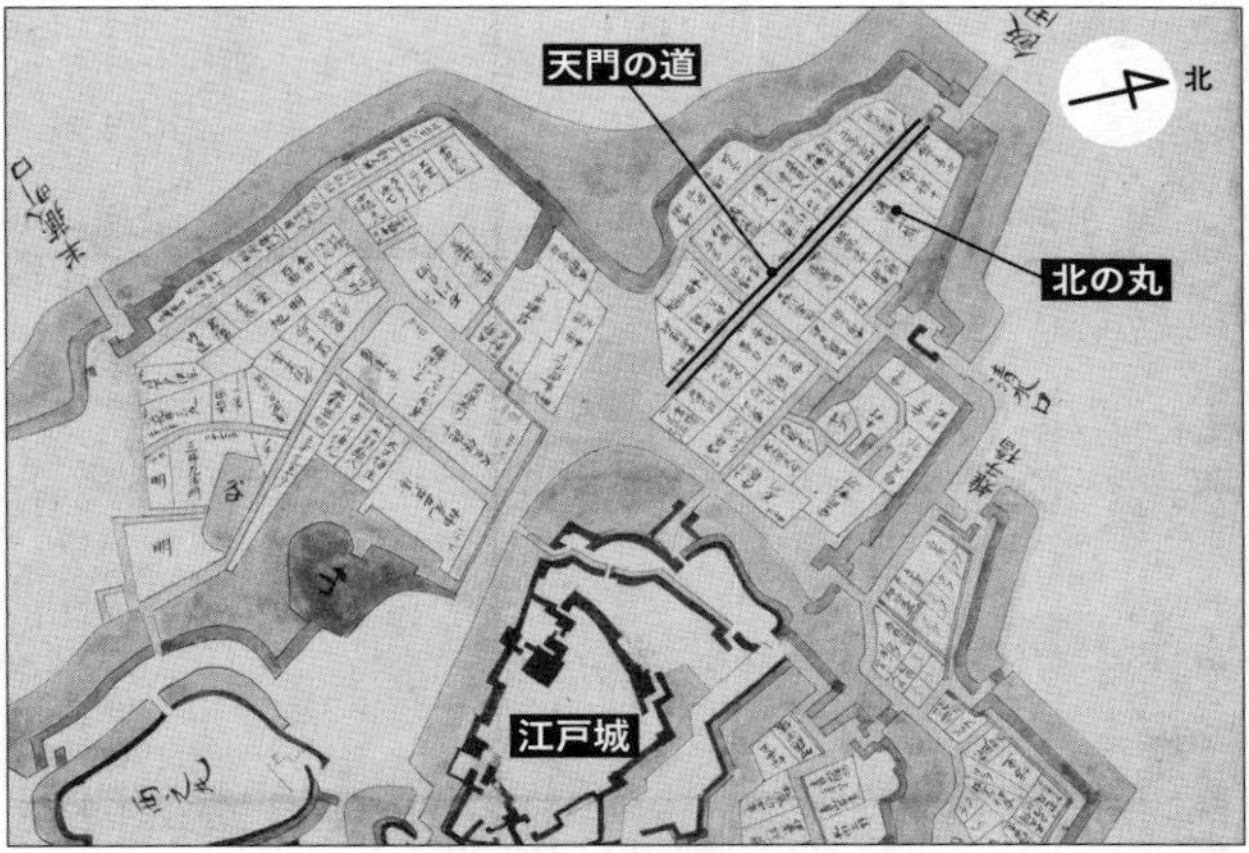

図3-10　江戸城北の丸
（『江戸始図』（松江歴史館所蔵）に基づき作成）

江戸城についてはあとで改めて説明するが、江戸城北の丸は、徳川の近親者や大奥に勤めた女性の隠居所となる場所で、春日局《かすがのつぼね》もここに住んだ。本名は斎藤福《さいとうふく》、「お福」と呼ばれた春日局が北の丸で暮らしたことは、天門の性格を考えると何か象徴的である。

(2) 筑土神社
――将門を祀るもうひとつの神社

江戸城の天門（北西）の方角の霊的防衛装置の内、最重要施設は筑土神社（千代田区九段北《くだんきた》）である。この神社は、将門由来の非常に重要な神社であるにもかかわらず、近年やや忘れ去られているところがある。しかし、江戸の神社仏閣を考える上でとても重要な位置を占めている。この神社について触れている書物は少ないので、ここでは少し詳しく説明したい。

現在、筑土神社は靖国通りの九段坂に面するビルの谷間の奥の方にひっそりと建っている。正式な参道は、靖国通りからひとつ北側に入った九段中坂になる。江戸時代、筑土神社は神田明神、山王社と並び、「江戸三社」のひとつに数えられた格式の高い神社だった。

筑土神社は天慶3（940）年に平将門の首を首桶に納めて持ち帰り、首を祀って「津久戸明神」と称したのが始まりといわれている。なお、将門首塚、真神田臣が創建した神田明神、津久戸明神は共に芝崎村にあったとされる。これら三社の関係については、後述する。

文明10（1478）年、太田道灌は将門の首塚近くにあった津久戸明神を江戸城に移して江戸城の天門（乾＝北西）の方角の守りとした。これは川越城の天門の方角に氷川《ひかわ》大明神があったことにならったものである。

筑土神社（津久戸明神）所蔵の首桶は、残念ながら第二次世界大戦の空襲で焼失してしまったが、この首桶には「天文21（1552）年に上平川村に遷宮した」との墨書きがあり（『日本歴史地名大系第13巻　東京都の地名』）、津久戸明神は当時江戸を支配していた北条氏によって、江戸城内から上平川村の田安郷《たやす》（後に江戸城田安門ができたあたり）に移されたと考えられる。以後、津久戸明神は「田安明神」と称するようになった。

また、家康の江戸入りに際しては、天正17（1589）年、江戸城増築のため牛込門《うしごめ》内（現在のJR飯田橋《いいだばし》駅西口周辺）に移され、さらに元和2（1616）年には、江戸城外濠の普請のため、牛込門のさらに外、台地のへりの新宿区筑土八幡町《はちまんちょう》に動かされ、これ以降は「筑土神社（筑土明神）」と称するようになった。

なお、筑土神社は明治以降も移転を繰り返し、昭和29（1954）年に現在鎮座する場所、筑土神社の末社であった「世継《よつぎ》稲荷神社」の境内に移動して、以後は落ち着いている。

筑土神社は、道灌が芝崎村から江戸城に移して以降たびたび移転を繰り返したが、注目すべきは図3-11に見るように、いずれの場所も江戸城の天門の方角に当たることだ。歴代の江戸の支配者たちは、「江戸城の天門の守りは、筑土神社に任せる」との意識を強く持っていたと考えてよいだろう。

また、話が少しややこしいが、筑土神社が新宿区筑土八幡町に移転した時、横には嵯峨天皇の時代に創建された古社である筑土八幡神社（新宿区筑土八幡町）が既に建っていた。

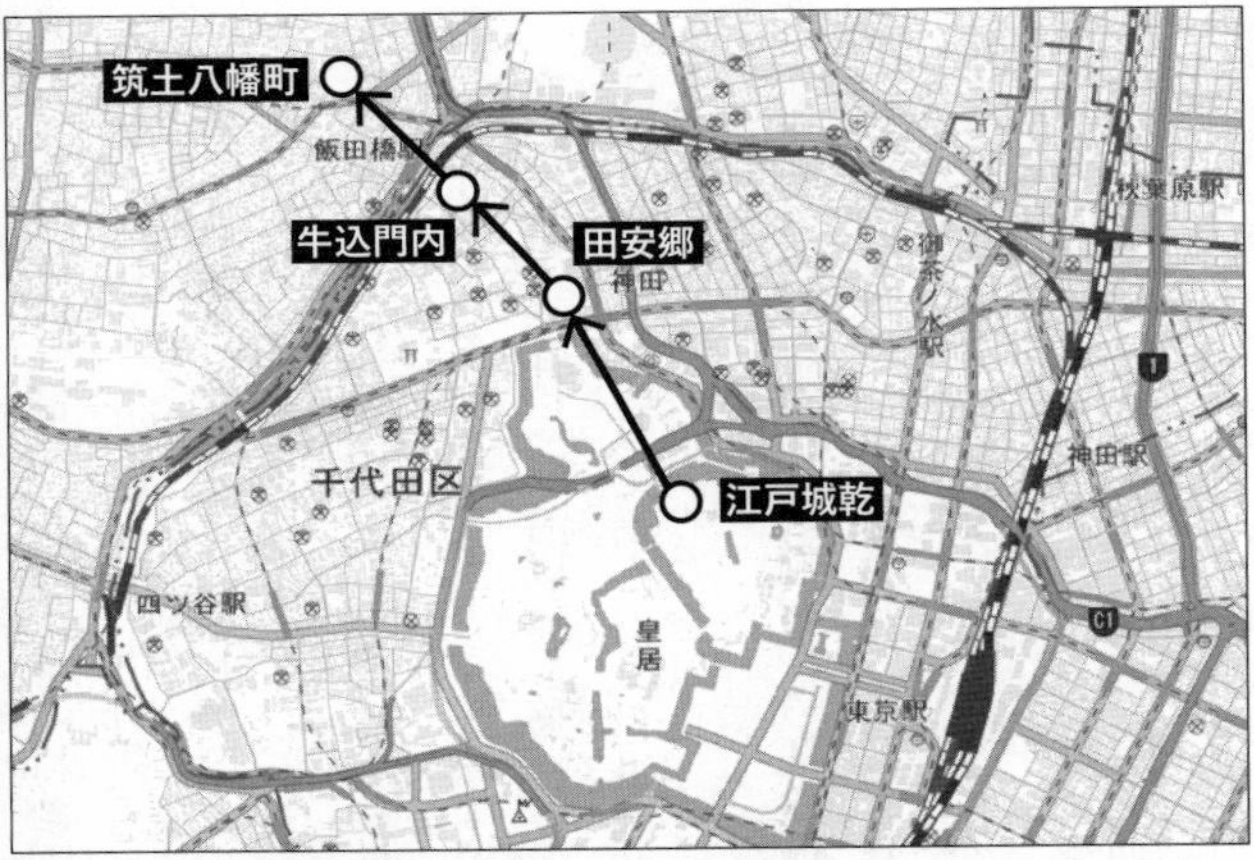

図3-11　筑土神社の移動（国土地理院地図 GSI Mapsに基づき作成）

したがって、これ以降、筑土神社と筑土八幡神社が並んで建っていたことになる。このため、両者が混同されることがよく起こっている。筑土八幡神社を将門ゆかりの神社と考え、ここに、将門の足が祀られているとの説もあるが、これは資料などでいっさい確認できない。

　また、筑土神社は天台宗との関係も認められる。『東京都神社史料第一輯』には、「天文9（1540）年、豊島郡平川村にあった善《ぜん》竜山《りゅうざん》楞厳寺《りょうごんじ》成就院《じょうじゅいん》が筑土神社の別当寺となる」との記載が見られる。この楞厳寺成就院は天台宗の寺で、江戸時代には東叡山寛永寺の末寺となっている。なお、別当寺とは神仏習合を前提に、神社を管理する寺のことをいい、別当と呼ばれる社僧によって寺院が神社を支配した。

したがって１５４０年以降、筑土神社は天台宗の支配のもとに置かれていたと考えられる。このような経緯から、筑土神社の本地堂には「天台将軍身観音《てんだいしょうぐんしんかんのん》」が祀られていた。

したがって、筑土神社の祭神である将門は、天台将軍身観音が仮に現れた姿ということになる。将門は朝敵なので、京の都であれば天台宗の仏を将門の本地仏とすることには無理がありそうだが、ここは関東の地で時代も下っているので、あまり気にする必要はないかもしれない。

筑土神社は幕府との関係も深く江戸城北の丸の氏神となり、ここに住んだ春日局も篤く信仰したといわれている。

承応《じょうおう》３（１６５４）年には、江戸城にあった東照宮が築土神社の境内へ移築され、明暦３（１６５７）年の明暦の大火では、幕府より莫大な見舞いの奉納金が授けられている。

このように、筑土神社は長きにわたって天門の守りを担ってきた、幕府と特別関係が深い神社だった。

さて、将門の首塚、真神田臣が創建した神田明神、将門の首を祀った津久戸明神の関係はよく分かっていない。

『東京都神社史料第一輯』には、筑土神社に関する多くの伝承が集められている。その中から特に気になる話をピックアップしてみると、「築土明神（筑土神社）は江戸神社といって、大宝《たいほう》2（702）年に平川村に創建された。（江砂餘礫《えさよれき》）」との記載がある。

つまりこの伝承によれば、津久戸明神（後の筑土神社）は、神田明神が創建された天平2（730）年より少し前に創建されたことになる。

なお、平川村の内平川下流域は下平川村と呼ばれ、ここと芝崎村は混同されることもあったようなので、江砂餘礫の平川村は芝崎村と考えてもいいだろう。また、極めつけの話として「津久戸明神社は神田明神と同社と云う（江戸砂子《すなご》）」との記載も見られる。

首塚のすぐそばに、創建時期がほぼ同じで、どちらも将門を祀る二つの神社があることは不自然なので、以上の伝承から次の仮説を立てることも可能だろう。

大宝年間、大己貴命を祭神とするひとつの神社が芝崎村に創建された。

200年ほど後、この地には将門の首を埋めた首塚が築かれ、この時、首桶はこの神社に祀られた。さらに400年ほど下って「将門の霊」が改めてこの神社に祀られた。

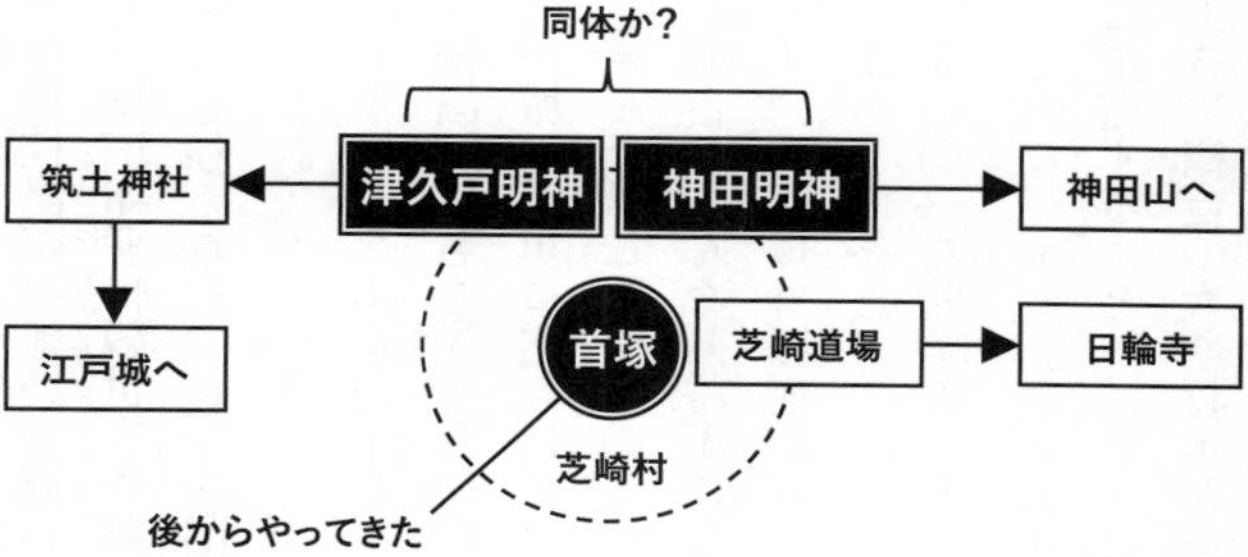

図3-12　首塚を中心とした各寺社の関係

後に、この神社は神田明神と津久戸明神（筑土神社）に分かれ、筑土神社は江戸城に移された。

神田明神のところでは、首塚と神田明神、芝崎道場の関係について説明したが、ここに津久戸明神（後の筑土神社）も加える必要がある。首塚と三つの寺社の関係は図3－12のように整理でき、首塚のある芝崎村周辺は将門のホームグラウンドとなっていた。

（3）護国寺――桂昌院の切なる願い

江戸城の天門（乾＝北西）の守りの寺院として、もうひとつ護国寺（文京区大塚《おおつか》）をあげることができる。

護国寺は、天和《てんな》元（1681）年、五代将軍綱吉

が生母桂昌院の願いを聞いて創建した。護国寺の本尊は桂昌院が手元において深く念じた天然琥珀如意輪観世音菩薩《こはくにょいりんかんぜおんぼさつ》で、護国寺の宗派は真言宗豊山派である。空海は嵯峨天皇から東寺《とうじ》を与えられ、教王護国寺《きょうおう》と名付けたので、護国寺の名は由緒あるものである。幕府が開かれてから80年近くが経過し、関東天台宗のトップ天海も鬼籍に入り、やっと真言宗にも本格的な出番がまわってきた。

桂昌院は名を光子《みつこ》といい、京都の公家の家に奉公したのをきっかけに、美貌を見込まれ江戸城の大奥に送り込まれた。そこで春日局の目に留まり、三代将軍家光の側室となり子を産んだ。これが後の五代将軍綱吉である。

綱吉はすんなり将軍になれたわけではない。家光の後を継いだ四代将軍家綱には子がおらず、綱吉以外の兄弟はみな亡くなっていたため、思いがけず綱吉に次期将軍のチャンスがまわってきた。この時、幕府で権勢を振るっていた大老酒井忠清《さかいただきよ》は、京から有栖川宮《ありすがわのみや》を迎えて、次期将軍に擁立しようと考えており、この方針は概《おおむ》ね決まっていた。

これに反発した老中堀田正俊《ほったまさとし》は家綱の臨終に際し、急遽《きゅうきょ》、綱吉を面会させ「次の将軍に指名する」との言質《げんち》をとってしまう。このようなクーデター的動きによって、綱渡りのように綱吉の次期将軍が決められた（山室恭子《やまむろきょうこ》『黄門さまと犬公方』）。

一介の町娘が将軍の側室となり、思いがけず我が子は将軍となり、自分は大奥のトップに君臨する。まさに隕石《いんせき》に当たったようなものである。当然のことながら、桂昌院はものすごく信心深くなった。護国寺の創建は、このような桂昌院の個人的な動機に基づいている。なお、桂昌院は京都の八百屋の娘「お玉《たま》」だったともいわれており、「玉の輿《こし》」とは桂昌院の出世にちなむとの説もある。

護国寺は、はじめは桂昌院の個人的な祈願寺だったが、後に大元帥《たいげん》明王《みょうおう》が祀られて、将軍家の武運長久を願う正式な祈願寺となった。大元帥明王とは、古代インド神話の魔神であるアータヴァカが仏法に帰依して転じたもので、恐ろしい呪力を持つ真言密教の明王である。

宮中だけで修することが許される秘法「大元帥御修法《たいげんのみしお》」は、大元帥明王の力で国家守護や敵の調伏を図る呪術である。平将門の乱や元寇《げんこう》でもこの法が用いられ、第二次世界大戦ではアメリカ大統領ルーズベルトの調伏が行なわれたともいわれている。護国寺にはこのような恐ろしい明王も祀られていた。

護国寺の寺地には、天門の方角にあった幕府直轄の薬園が当てられた。護国寺の創建は桂昌院の個人的な動機に基づくが、場所を定めるに当たっては、寺社が多い表鬼門と裏鬼門は避け、陰陽道でもうひとつの重要な方角である天門に探された可能性は高い。また、参道の「音羽《おとわ》通り」は護国寺に向かって天門の方角に造られているが、反対の巽（南東）の方角には江戸城がある。護国寺参道の音羽通りと江戸城北の丸の「天門の道」は、天門の見えない糸で結ばれていると考えられなくもない。

護国寺は京の清水寺を模し、参道の音羽通りは京の朱雀大路を模したものといわれている。音羽通りの両側の音羽町は1丁目から9丁目まであったが、これも京の一条から九条をまねたものである。江戸の京への憧れはやはり根強い。音羽通りの両側には茶屋が軒を連ね、護国寺の門前町として大いに繁盛するようになった。なお、音羽通りの「音羽」は、大奥の奥女中の音羽にこの地が与えられたことに由来するといわれている。

さて、地形に目を転じると、護国寺は豊島台の縁に建っている。ここが、台地の縁であることは、仁王門を抜け本堂を目指して長い階段を上がって行くと実感できる。護国寺も他の寺社と同じ立地のルールが守られている。

図3-13に見るように、護国寺の建つ台地は西側から南側は弦巻《つるまき》川により掘削され、北側から東側は音羽川より掘削され、四方が切り立った山のような地形となっている。現在、二つの河川はどちらも暗渠になっているが、注意して歩くと昔の川筋をかなり辿るこ

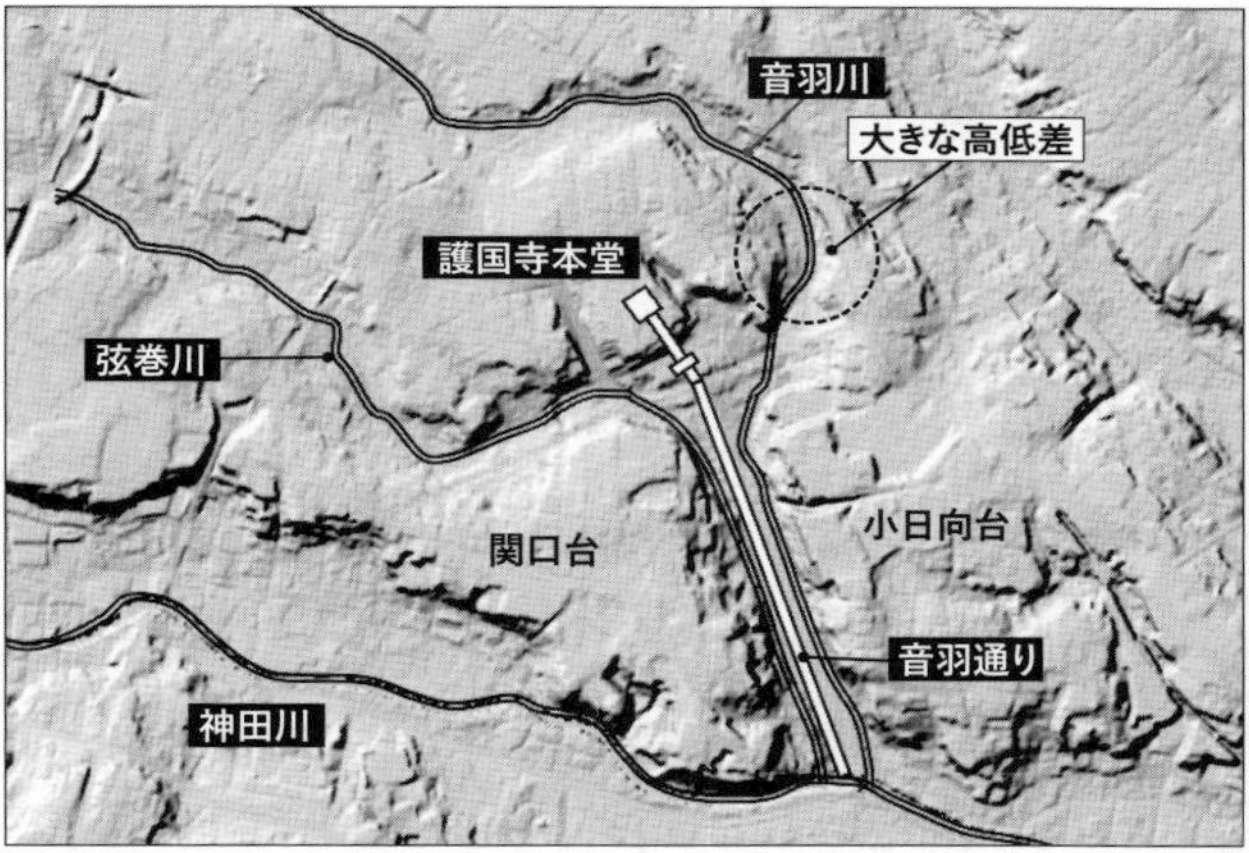

図3-13　護国寺（国土地理院地図 GSI Mapsに基づき作成）

とができる。

弦巻川は、西池袋《にしいけぶくろ》から発して雑司《ぞうし》が谷《や》大《おお》鳥《とり》神社（豊島区雑司が谷）の横を抜け、以降は弦巻通りの位置を流れ、護国寺下で音羽川と合流していた。一方の音羽川は池袋サンシャインシティ（豊島区東池袋）周辺から発し、春日通りに沿ってその南側を流れ、台地を回りこみ護国寺下で弦巻川と合流し、以降は南東に進んで神田川に流れ込んでいた。大塚5丁目では、この川筋と春日通りの高低差が著しい。ここは、川の浸食力を体験できる23区内有数のポイントになっている。

現在、「音羽通り」の東側には音羽川が、西側には弦巻川が暗渠となって流れているが、どちらの河川も音羽通りに平行して流れ、距離も近くていかにも不自然だ。音羽通りの東は小日向《こひなた》台、西は関口台であるが、音羽通りと音羽町を造る際、この両側の台地のすその部分を削って平地を拡張する普請が行なわれ、この時二つの河川を分離して、台地のすその部分にそれぞれ付け替えたと考えていいだろう。また、小日向台、関口台には、「胸突《むなつき》坂」「幽霊《ゆうれい》坂」「鼠《ねずみ》坂」「八幡《はちまん》坂」などがあり、都内有数の名坂密集地帯となっている。どの坂も見所満載である。

なお、ここまで説明してきた「表鬼門」「裏鬼門」「天門」に加え、もうひとつの方角として陰陽道の「地戸（巽＝南東）」が残っているが、この方角に特定の神社や寺院を挙げることは難しい。

そもそも家康が江戸に入った当時、江戸城の地戸の方角は海であり、寺社を造ることは物理的にできなかった。例えば門前仲町《もんぜんなかちょう》は、ここの芸者を「辰巳芸者」と呼んだように、江戸城の南東の方角に位置することは知られていたが、江戸の初期に、この一帯はまだ海の底だった。また、「地戸」は災いのある方角としては、特に意識されていなかった可能性も高い。

江戸の霊的防衛は、「表鬼門」「裏鬼門」「天門」について講じられたと見ていいだろう。

第4章

江戸の渦巻構造の謎

●富士の龍脈を誘導？

江戸は渦巻構造となっていた。

江戸の町には、江戸城を起点とする大規模な濠が掘削され、この濠は時計回りの渦巻を描いていた。古いタイプの城の防衛では、土塁《どるい》（土を盛った土手）や空堀《からぼり》（水を張らない溝）を築くなど、自然の地形を生かし小規模の改変を行なう方法がとられたが、戦国末期になると、水を満々と張った石垣の濠で城の四方を囲み敵の侵入を防ぐことが始まった。

なお、江戸城では「白鳥濠《はくちょうぼり》」「大手濠」のように、「堀」ではなく「濠」の字が用いられている。濠とは水を張った大規模な堀のことをいい、堀の方が適用範囲は広く、小さな水を張らない溝を堀と呼ぶこともあった。

この濠によって形成された江戸の渦巻構造に注目して、風水関係者などから次のような説が唱えられている。

・天海は江戸が渦巻構造となるよう意図して計画した。
・江戸の渦巻構造は、富士山のエネルギー（龍脈）を江戸に導くための仕掛けである。

この説は、「風水の知識によれば、霊峰富士からは莫大なエネルギーが発しているはずなので、これを受け止めて江戸城に導く仕掛けがあったに違いない」との考えに基づくものので、ある意味自然な発想である。

その真偽はさておき、本当に江戸の町が渦巻構造になっているのか確かめてみよう。まずは、渦巻構造を作っている濠に注目し、時間と共にどのように江戸城と江戸の町が広がり、濠で囲まれていったのかを見ていきたい。

●江戸の渦巻構造ができるまで

徳川の江戸城の位置は、江戸氏の館、太田道灌や北条家の居城に重なっている。家康が江戸入りした時、荒れ果てた北条の城があったので、家康の築いた江戸城は、まずは修築から始まった。その後、徐々に濠を拡大し城域を広げ、多くの普請を行なった。江戸城を取り囲む濠がほぼ最終形となるのは、寛永13（1636）年頃なので、延々50年近い歳月をかけて城と濠は成長していった。

以下では、代表的な4つの時期を選び、江戸がどのように成長していったか確認してみたい。なお、図は第3章で説明した方法で作成している。図の形状や寸法などは必ずしも正確ではなく、必要な情報以外は省略した箇所も多い。あくまで概念図としてご覧いただきたい。

また、各図では二重線が徳川の普請による濠を示している。濠が掘削されてから、石垣が積まれるまで間が空く場合もあるが、ここでは石垣の有無は無視し、濠が穿たれた時期に注目している。

（1）文禄元（1592）年頃【図4―1】

家康が江戸入りした天正18（1590）年から始まった普請では、道三堀が江戸前島に掘削され、平川がここに付け替えられた。

これと並行し、江戸城の本格的な修築が始まり、本丸のまわりには濠が掘削されていった。ただし、この時期にはまだ石垣は築かれていない。

江戸城外の局沢《つぼさわ》の地には、戦国末期に16の寺院があったが、これらはすべて移動させられ、西の丸が築かれた。西の丸とは、「御隠居曲輪《ごいんきょ》」とも呼ばれ、家康の隠居場所として計画されたものである。

なお、西の丸の普請後、江戸城の工事は一時中断する。これは、家康が秀吉の隠居城で

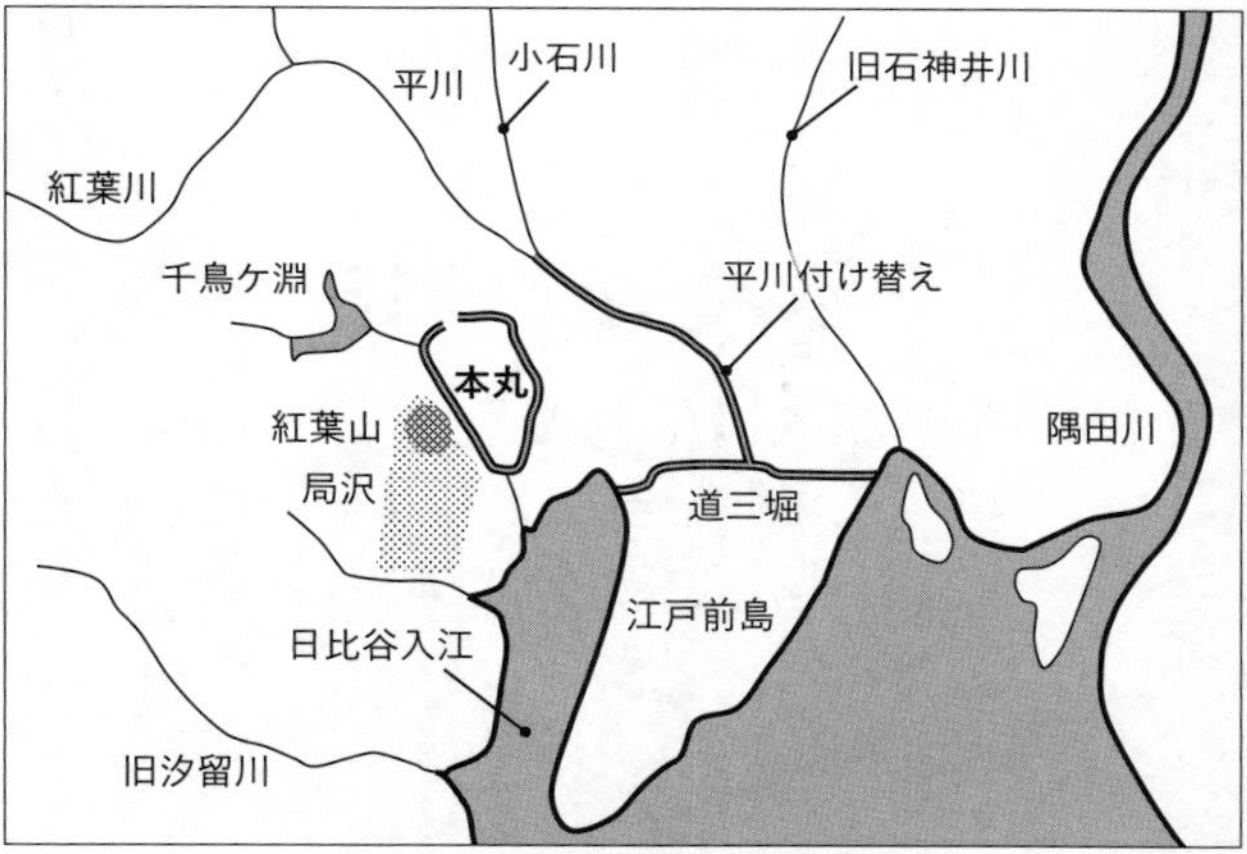

図4-1　文禄元年頃の江戸の姿

ある伏見城の普請を命じられたこと、慶長3（1598）年に秀吉が死去して以降、緊迫した政治状況が続いたことによる。

（2）慶長12（1607）年頃【図4-2】

慶長8（1603）年に江戸幕府が成立し、慶長11（1606）年から江戸城の普請が再開した。これ以降の諸工事は「天下普請」と呼ばれ、天下人である家康の命により諸大名が動員された大規模な普請となった。天下普請以降、江戸城に本格的な石垣が築かれ始め、江戸城は「土の城」から「石垣の城」に急激に変貌を遂げていった。

この時期、江戸城拡充のため、本丸の中に「白鳥濠」が掘削され、「本丸」と「二の丸」

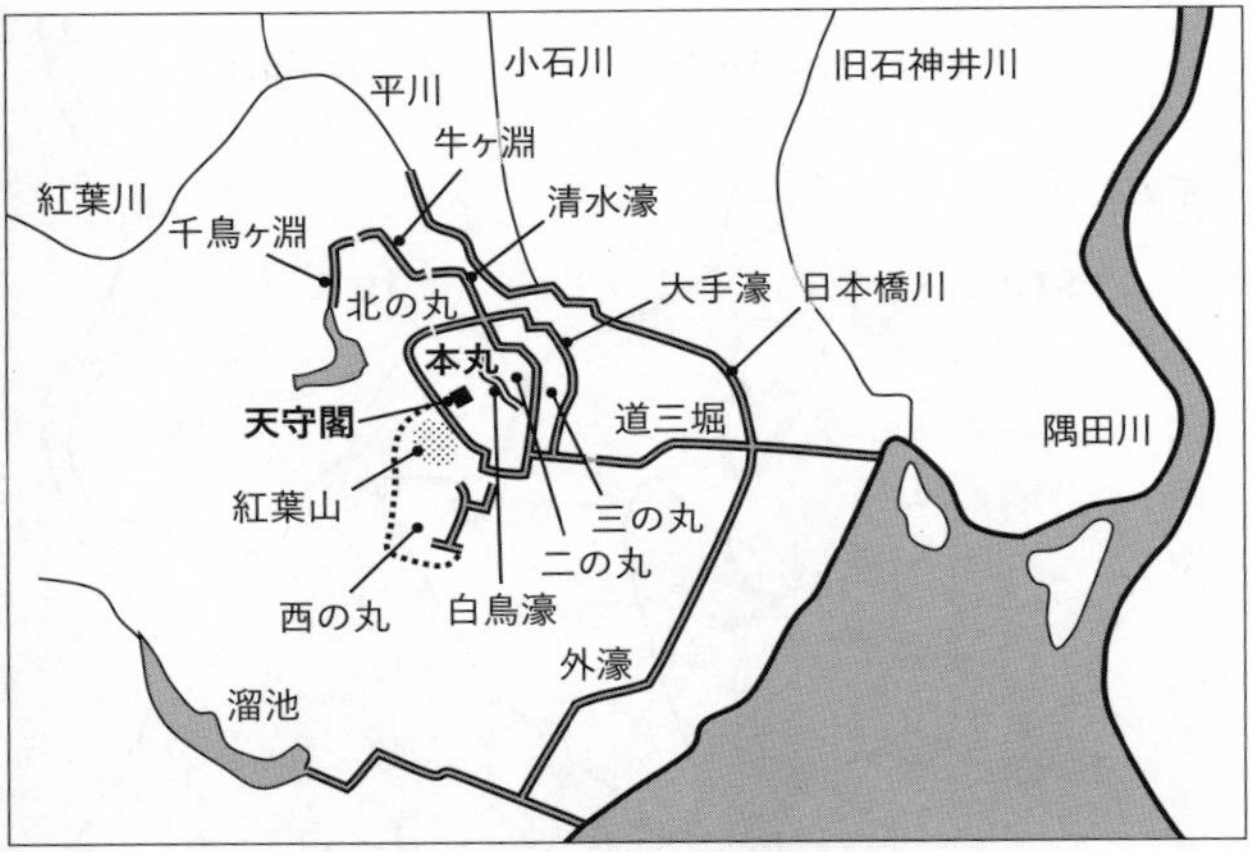

図4-2　慶長12年頃の江戸の姿

に別れた。なお、この白鳥濠を境にして本丸と二の丸には大きな高低差が存在するが、ここが台地と平地の境界となっている。白鳥濠の石垣の後ろには、淀橋台の縁が隠されている。

白鳥濠に続き、本丸の東側に「大手濠」が新たに掘削され「三の丸」が設けられた。なお、二の丸、三の丸は本丸に付帯する曲輪であり、その時々、臨機応変に使用された。

さらに、大手濠とその外側の平川の付け替え部分（日本橋川）には、石垣が築かれ雁行する形状に改められ「鬼門角欠」が設けられた。

この時期から「北の丸」の整備が始まった。北の丸のまわりには「千鳥《ちどり》ヶ淵《ふち》」「牛《うし》ヶ淵」「清水濠《しみず》」が設けられ、当初旗本などが住んでいたが、後には徳川の近親者や大奥に勤めた女性の隠居場所ともなった。春日局が住んでいたのも北の丸だ。北の丸の中央には「天門の道」が造られた。

また、飲料水確保のため「旧汐留川」に堰を築いて溜池が造られた。江戸前島を縦貫する外濠には石垣が組まれ、これは溜池の手前まで伸びていった。江戸城本丸は周囲を濠に囲まれ、その最外部は「平川付け替え（日本橋川）」「外濠」「溜池」と延びて、三方の守りが固められた状態になっていた。

なお、江戸城の天守閣は３度築かれている。最初の天守閣は慶長12（１６０７）年家康によって江戸城本丸の中央に築かれた。２度目の天守閣は元和９（１６２３）年に秀忠によって築かれ、この時、本丸の最北部に位置が動いている。３度目は家光によるもので、２度目と同じ本丸の最北部に築かれた。鬼門などの方角を考える際、厳密には江戸城内のどこを起点にするかが問題となるが、以上の経緯から、方角の基準点は家康の築いた天守閣があった本丸の中央部とすればよいだろう。いままで特に説明してこなかったが、本書では江戸城からの方角は、ここを起点に考えている。

（3）慶長19（1614）年頃【図4‐3】

この時期、西の丸全体を大きく囲むように「桜田濠《さくらだ》」と「半蔵濠《はんぞう》」が掘削された。また、「馬場先濠《ばばさき》」と「日比谷濠」が新たに掘削され「西の丸下」が整備された。この西の丸下は、城の防衛のための広い曲輪で、老中や若年寄りの屋敷を置いたものである。

また、改めて西の丸の整備に手が付けられ、将軍職を譲った大御所や、将軍の世子《せいし》が住む「控え城」となった。

なお、西の丸にある紅葉山は小高い丘でもともとは古墳だったともいわれ、江戸城内で最も神聖な場所とされている。ここには、江戸城内の梅林坂から移動した山王社があったが、江戸城外の隼人町に動かされ、元和4（1618）年に東照宮が建てられた。東照宮は承応3（1654）年に筑土神社に移動し、紅葉山は歴代将軍の霊廟となった。

（4）寛永13（1636）年頃【図4‐4】

やや時代が遡《さかのぼ》るが寛永5（1628）年から寛永6（1629）年にかけて、西の丸に「道灌濠」が掘削され、これより西のエリアは「吹上《ふきあげ》」と呼ばれるようになった。なお、道灌濠はかつて太田道灌が築いた濠を、徳川が修復したものといわれている。

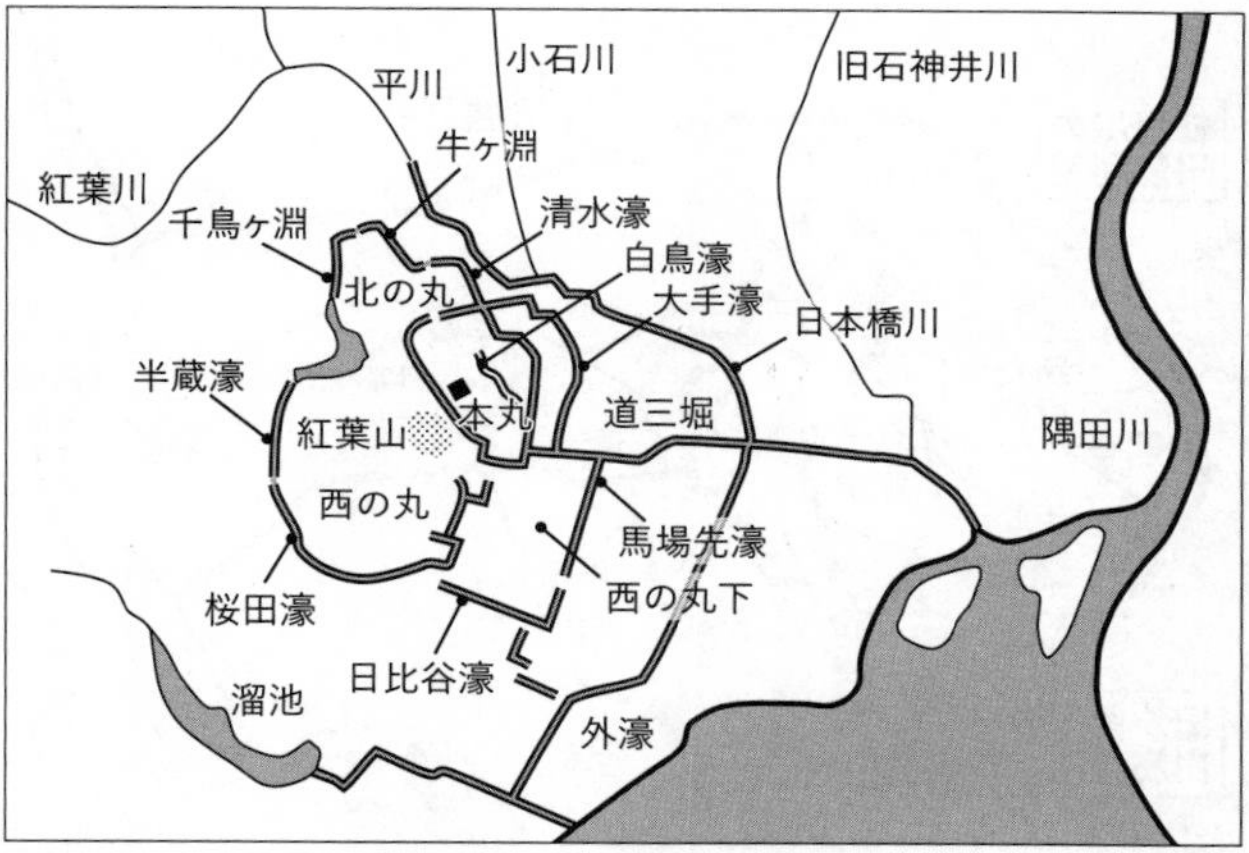

図4-3　慶長19年頃の江戸の姿

吹上には、御三家（紀州《きしゅう》、尾張、水戸《みと》）や親藩の屋敷があったが、明暦3（1657）年に起こった明暦の大火によって御三家はここから移され、以降は「吹上御庭《おにわ》」と呼ばれる大庭園になった。よく知られているように、現在ここは吹上御苑となっている。

また、この時期までに溜池の北端から時計回りに「四谷《よつや》」「市ヶ谷《いちがや》」「飯田橋」「お茶ノ水」を抜け、柳橋《やなぎばし》で隅田川につながる外濠と神田堀が完成した。

この内、何もないところに新規に濠が穿たれたのは四谷を中心とした、その前後の部分のみである。これより南は溜池をつくる旧汐留川の川筋が利用され、これより北の市ヶ谷から飯田橋の部分は、現在は暗渠となってい

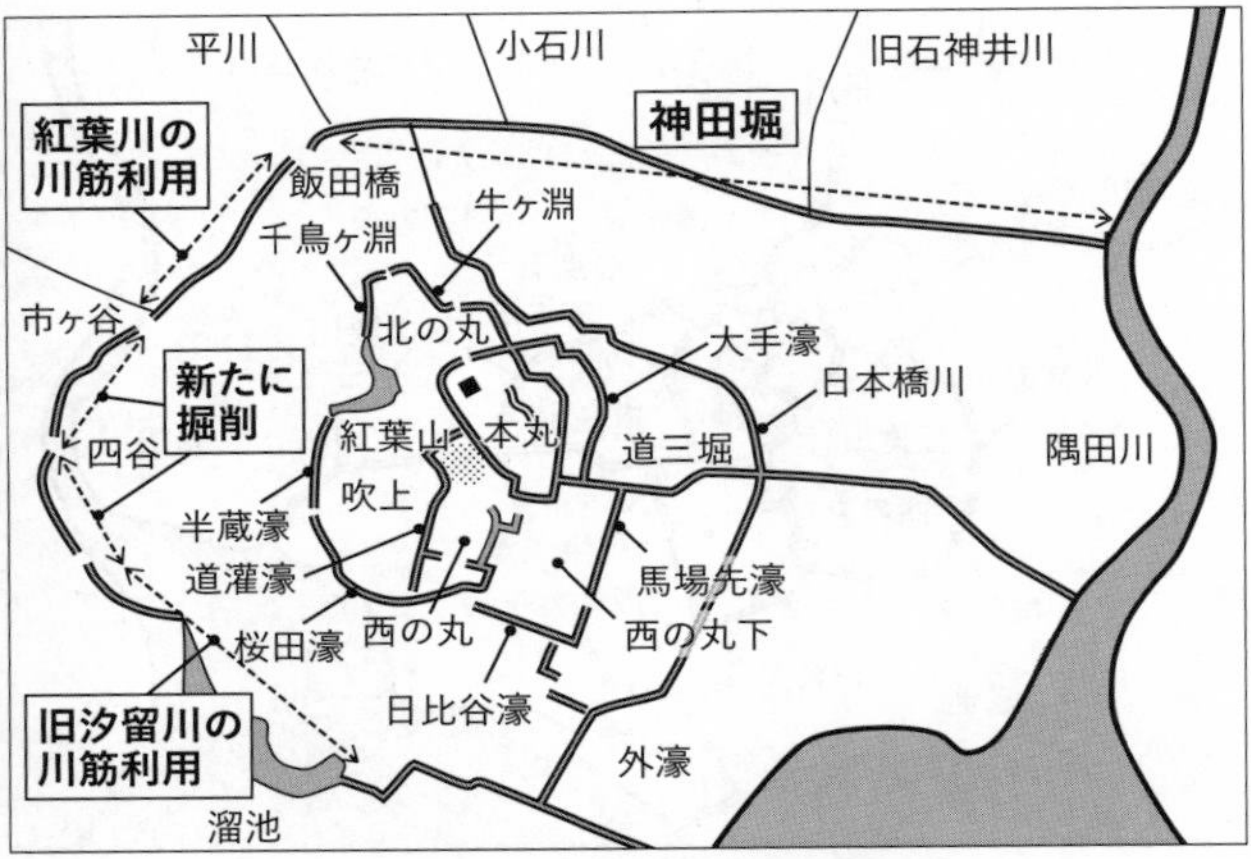

図4-4　寛永13年頃の江戸の姿

る紅葉川の川筋が利用された。また、飯田橋から隅田川に通じる柳橋までは神田堀が利用された。

このように、溜池から柳橋まで江戸城の西側から北側を大きく取り囲む部分は、既存の川筋と付け替えられた神田堀を巧みに利用して造られたもので、濠は絵を描くように任意の位置に定められたものではないことに注意する必要がある。

●渦巻状の城塞構造

以上の各図から、濠は江戸城を中心に長い時間をかけ、だんだんと周辺に広がり成長していったことがよく分かる。特に図4－4の最後の部分は、江戸城を大きく取り囲むように「の」ノ字状に掘削されている。このため、地図を引いて見るとこの部分が強調され、図4-5のように全体として時計回りの渦巻の形状となっている。

このような渦巻構造を形成する江戸の都市構造は平安京と大きく異なっている。平安京と江戸の相違は、時代背景と共に地形が全く異なっていることに起因している。

時代背景についていえば、平安京と江戸では想定する敵が変わっていた。平安京は律令制度が整い絶大な権力を持っていた桓武が築いたので、何万人、何十万人の兵士が動員される大規模な国内の戦闘は念頭に置かれておらず、土塁や堀などで物理的に都を守る大掛かりな仕組みは採用されなかった。平安京ではそれより怨霊を恐れた。

一方、江戸では戦国時代に厳しい戦いを繰り広げてきた外様大名など、隙《すき》を見せたらいつ反撃してくるか分からない現実的な敵が存在していた。彼らの万一の反逆に備え、また幕府の威光を見せつけるため、何万人、何十万人の兵士が動員される大規模な戦闘を念頭におき、十重二十重《とえはたえ》に濠で囲んだ城塞都市が造られた。

地形についていえば、平安京は四方を山々に囲まれた比較的小さな盆地に位置していた。京都盆地の主要な部分は基本的に平らである。このような地形の特性から、碁盤の目状のきれいに区画割りした都市を造ることが可能であった。平安京は、そっくり長安の都

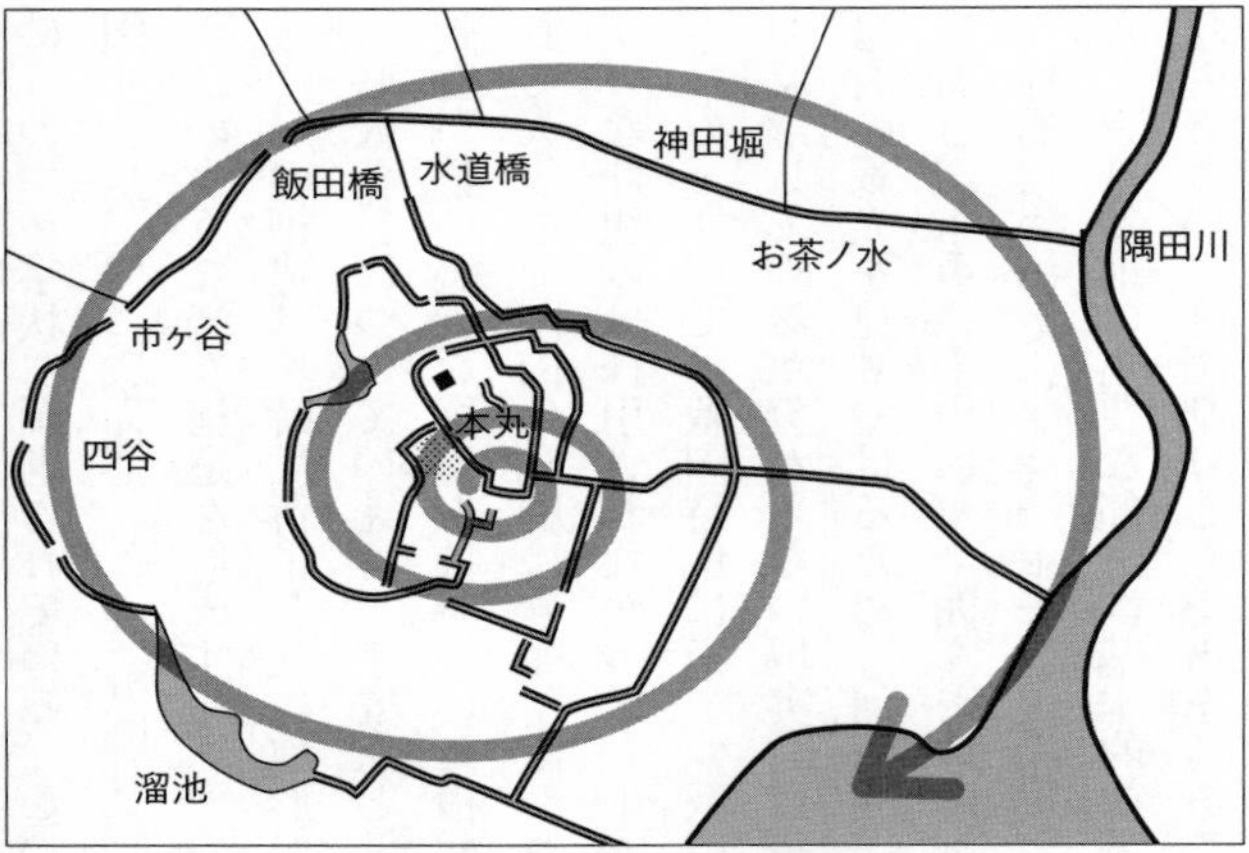

図4-5　江戸の渦巻構造

を移すことを考えた、いわば建設時に全体構想が定められた「静的モデル」となっており、盆地の平地部分に絵を描くように都が計画された。このため地形に対する配慮は薄く、洪水が多い右京が寂れていった原因ともなっている。

一方、江戸の地形は台地と低地から構成され、台地は起伏に富んでいた。台地は大小の河川によって長年掘削され、多くの谷筋と坂道があった。また、家康の江戸入り当時、江戸城の前は海（日比谷入江）であり低地は少なかった。このような地形の特性から、京都のような碁盤の目状の都市計画は許されなかった。江戸は目の前に埋め立て可能な江戸湊があり、背景には広大な武蔵野台地が控えており、拡張可能な「動的モデル」となっていた。大規模な埋め立てが行なわれて低地が増え、城を中心に多くの濠が掘削されて渦巻状の城塞化した都市が成長していった。江戸は多くの普請により大改造が施され、天下普請の前と後では全く異なる都市に変貌していった。

ここまで見てきたように江戸の霊的防衛は、京都と類似する点も多く、京都の江戸への移しも熱心に行なわれたが、都市構造自体は両者で大きく異なっている。

●江戸の四神相応は後付けだった

「家康は四神相応の江戸に城を築くことを選んだ」との説が一部で唱えられている。渦巻構造の話からはいったん離れるが、ここまで見てきた江戸の成長を参考に、この説を検証してみたい。

江戸が四神相応であることの根拠としてよく挙げられるのが、寛保《かんぽう》3(1743)年に成立した『柳営秘鑑《りゅうえいひかん》』である。柳営秘鑑は、江戸幕府の年中行事、武家方の法令、年中儀礼、殿中の格式、故事、旧例などを記した武家を対象とした書物であるが、ここには以下のような記述がある。

凡此《おおよそこの》江戸城、天下の城の格に叶《かな》ひ、其《その》土地は四神相応に相叶ゑり、先《ま》ヅ前は地面打開き、商売の便り能き下町之賑《にぎわ》ひは、前朱雀に習い、人の群り集る常盤橋、又竜の口の落口潔よきは、左青龍の流れを表し、往還の通路は、品川まで打続き、右白虎を表して虎門あり、うしろは山の手に続き、玄武の勢ひ有。

この中に出てくる「竜の口」については少し説明がいるだろう。元禄4(1691)年、日本橋と神田の境界位置に竜閑川《りゆうかんがわ》が開削された。

竜閑川は江戸市中の商品流通のために造られた運河であり、現在は埋め立てられ中央区と千代田区の境界線となっている。竜閑川はJR神田駅の南側、神田橋の近くで日本橋川に通じ、「千代田区龍閑児童公園(千代田区岩本町《いわもとちよう》)」のところで浜町《はまちよう》川に接続し隅田川と神田堀まで通じていた(「今川橋の由来」鍛冶町《かじちよう》1丁目町会掲示板)。なお、竜閑川との名は近くに住んだ殿中接待役「井上竜閑《いのうえりゆうかん》」にちなむものである。

この竜閑川が日本橋川に通じる位置が「竜の口」と呼ばれていた。常盤橋と竜の口は日本橋川が屈曲する位置にあり、ここに西日が当たると川面はキラキラ光って龍の鱗のように見えたのだと想像される。

また、「往還の通路は、品川まで打続き」の「通路」は、虎門があると言っているので、虎ノ門〜赤羽橋〜品川に至る増上寺の裏側を通る道のことだろうか。ただし、江戸城から見ると虎ノ門は東海道方面の出口に当たるので、日本橋〜芝口門《しばぐち》〜品川に至る東海道を指していると考えた方がいいかもしれない。以上を踏まえて、『柳営秘鑑』を自分なりに超訳すると、次のようになる。

江戸は四神相応となっている。広々とした下町の商業地の賑わいは朱雀である。（江戸城から見て）左には、多くの人々が集まる日本橋、神田エリアがあり、ここを流れる日本橋川に西日が当たる様は（キラキラ光って）青龍のようだ。（江戸城から見て）右には、品川まで続く白虎を表す東海道が続いており、城の後ろの山の手台地は玄武である。

これを図化すると図４-６のようになる。見ようによっては四神相応といえなくもない。

青龍─日本橋川
朱雀─下町の商業地
白虎─東海道
玄武─山の手台地

図4-6で注意することは、『柳営秘鑑』の四神相応説では、方角を反時計回りに約90度回転させ、本来の東を南に、北を東に、西を北に、南を西にみなしている点だ。これは、いささか乱暴かもしれない。四神相応説は四つの方角に四つの聖獣を当てるので、方向の変換は本質的な問題で、安直に動かすのは難しいと考えられる。

また、『柳営秘鑑』は江戸に幕府が開かれてから、約150年後に成立している。この時代の江戸は、確かにここに記された通りであろうが、家康が江戸に入った天正18(1590)年当時、下町はまだ商業地として賑わっていた訳ではない。日本橋川は、平川を付け替えて新しく生まれたもので、もちろん「竜の口」も存在せず、ここに人が集まるようになるのも後のことである。

このように、『柳営秘鑑』は寛保3(1743)年当時の江戸の姿が「四神相応」であ

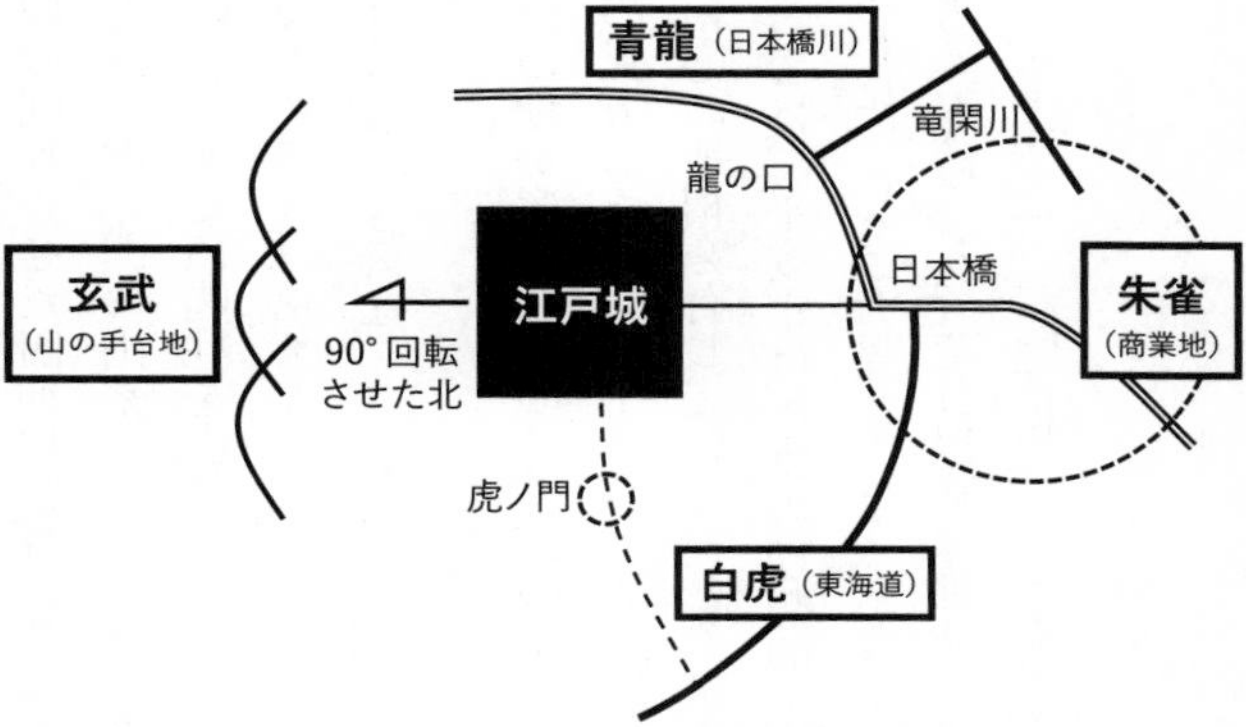

図4-6 『柳営秘鑑』による江戸の四神相応

ると主張しており、初期の江戸について述べたものではないことを確認しておきたい。

江戸城についても見てみよう。大手濠の表鬼門の方角には「鬼門角欠」が設けられ、90度回転したら表鬼門の方角に当たる北の丸には、「天門の道」がしっかり開いていた。これらは慶長12（1607）年頃には完成しているので、江戸時代初期の普請である。したがって、少なくとも初期の江戸城には、約90度回転させた方角は考慮されておらず、本来の方角に従って霊的防衛装置が設けられていた。

「虎ノ門」が出て来ることは、すこし気にかかる。虎ノ門は、江戸城のほぼ南に当たるが、ここを西にあるべき虎ノ門と呼んだのは約90度度回転させた四神相応説に基づくとの考えがあるからだ。

ただし、虎ノ門の由来は、当時は大変珍しかった虎を朝鮮から江戸に連れてきた時、大きな檻を通すため門柱を広げたことにちなむとの説など色々あるようで、この方角が西に当たるとの考えは必ずしも絶対ではない。

以上を総合すると、「江戸は四神相応だったので選ばれた」との説は根拠に乏しいと思われる。

江戸の地が選ばれたのは秀吉の示唆によるもので、必ずしも徳川の積極的な判断ではないとの見方もある。以上から、元禄時代の江戸の繁栄を見たうえで、後付け的に「江戸は四神相応の地相を有している」との主張が出てきたものと考えられる。

本書では、平安京は風水の理想的地相から充分説明可能なこと、平安遷都時には後の「四神相応」の考えはまだなかったことを説明した。平安中期になると日本独自の四神相応の考えが確立し、それ以降は都城の決定手段とすることもできたが、江戸に徳川の拠点を定める上では、「四神相応」は出る幕がなかったと考えた方が妥当だろう。

●富士信仰と江戸の人々

話を江戸の渦巻構造に戻したい。

本章の冒頭で説明した「江戸の渦巻構造は、富士山のエネルギー（龍脈）を江戸に導くための仕掛けである」との説が生まれた背景には、人々の富士山への特別な思いがある。以下では、江戸の富士信仰について簡単に触れておきたい。

富士山は古くは「福慈神《ふじ》」「不尽神《ふじ》」とも記され、信仰の対象とされてきた。富士は日本一高いばかりでなく、他の山々とは連ならない独立した末広がりの姿を有し、とにかく美しい。また、遠くからでもよく見える。現在に至るまで、富士山はありがたい、憧れの対象となる霊山であった。

一方で富士山は恐ろしい。

富士山の記録に残る最も古い噴火は、天応元（７８１）年の噴火であり、貞観６（８６４）年には大噴火を起こしている。西暦７８１年から現在までの間で、富士山は17回噴火しており、立派な活火山である。富士の噴火によって気候不順が起こり、飢饉もたびたび発生した。宝永《ほうえい》４（１７０７）年の宝永大噴火の後、３００年以上大きな噴火を起こしていないため、今は富士山が危険な活火山であるとの意識は低いが、次の大噴火はいつ起こっても不思議ではないと考える専門家もいる。

富士山は惚れ惚れするような美しさと活火山としての恐ろしさの両面を持ち、この二面性が富士の存在をより高めてきたといってよい。

戦国時代末期に生まれた長谷《はせ》川《がわ》角行《かくぎょう》は、夢に現れた役行者《えんのぎょうじゃ》に導かれ「富士の人穴《ひとあな》（富士宮市にある溶岩洞窟）」で荒行を積んで呪力を得、人々を救ったといわれている。角行は、江戸で流行り病が大流行した時には「フセギ」と呼ばれるお札を人々に配り病を防いだといわれている。角行は富士山信仰を教義としてまとめて弟子たちに伝え、ここから富士講（富士信仰の信者の集まり）が生まれることになった。

この角行の流れを汲み、江戸で布教に励んだのが食行《じきぎょう》身禄《みろく》である。身禄は、寛文《かんぶん》11（1671）年に伊勢国《いせのくに》に生まれ、若くして江戸に出て富士信仰に出会い、商人として家業に励みながら自らに厳しい修行を課した。身禄は独自の教義を開き、だんだん信者を増やしていった。神の声を聴いて名乗ったとされる「食行身禄」の、食行は断食行で、身禄は弥勒《みろく》菩薩からきているのであろう。

弥勒菩薩は釈迦が入滅してから56億7000万年後にこの世に現れ、釈迦の教えでは救われなかった人々を救済するといわれている。享保《きょうほう》18（1733）年、身禄は自らを弥勒菩薩になぞらえ即身仏（断食の修行によってミイラ化した仏）となることで、飢饉と不況に苦しむ人々を救済しようと発願して富士に登った。身禄は富士の八合目の烏帽子岩《えぼしいわ》で厨子《ずし》を組み立て、中に籠って断食を始めた。1年後に厨子を開くと、即身仏となった身禄は生けるがごとき姿だったという。

身禄たちの活動により富士講は爆発的に増殖していった。「江戸八百八講《えどはっぴゃくはちこう》」、つまり「江戸の八百八町《はっぴゃくやちょう》すべてに富士講はある」といわれるまでに富士講は数を増やしていった。

富士講では、お金を出し合い信者の代表を富士詣でに送り込んだ。もちろん富士に登ることが最終目的だが、途中で富士の人穴にも参拝し、中を巡る「胎内巡《たいないめぐ》り」を行なった。洞穴の中は湿って暗く奥が深く、神秘的な記号に満ちている。富士講の開祖、長谷川角行がこの人穴で修行して新たに生まれ変わったように、人穴に入りそこから戻ることは、死と再生を意味するイニシエーション（通過儀礼）となっていた。このように、「富士山で心身を清め新たに生まれ変わること」＝「生命の根源に触れる体験ができること」が、富士講躍進の大きな原動力となっていたようだ。

富士講では、さらにユニークな取り組みが行なわれた。それが富士塚である。

富士塚は実際に富士山に行くことができない人々のため、地域にミニ富士を造り、そこに登ることで富士登山と同じご利益を得ようとする目的で造られた。

ここでは、現在も数多く残っている富士塚の中から「下谷坂本富士《しもやさかもとふじ》」を紹介したい。この富士塚は小野照崎《おのてるさき》神社（台東区下谷《したや》）の境内にある。

小野照崎神社は菅原道真と並ぶ平安時代の大学者・小野篁《おののたかむら》を主祭神とする下町有数の神社である。学問や芸能分野で霊験あらたかと伝わり多くの人々の信仰を集めている。

日本最古の総合大学といわれる「足利学校」は、天長《てんちょう》9（832）年小野篁によって創建されたとの説がある。篁は足利での任期を終えて京に帰る途中、忍岡《しのぶおか》（上野の山）の風景に感銘を受け、またこの地に戻ることを誓うが願いは果たせず京で没した。このため篁を忍ぶ小野社が忍岡に建てられたが、寛永寺の創建に伴って下谷に移転した。

「下谷坂本富士」は、文政《ぶんせい》11（1828）年に神社の氏子から成る富士講のメンバーによって造られた。この塚は富士山から運んだ溶岩で全体が覆われており、富士山から溶岩を大八車で運び出し、船に積んで隅田川を遡り、陸揚げして大八車に積みなおし、これを何十回も繰り返したといわれている。登山道には合目石《ごうめいし》が置かれ、1合目の岩屋には役行《えんのぎょう》者《じゃ》像、5合目付近に角行の像を祀る祠《ほこら》が置かれている。毎年6月30日と7月1日がお山開きで登山が許され、頂上で実際の富士山に向かって拍手《かしわで》を打つのがルールとなっている。下谷坂本富士の山開きは下町に夏の到来を感じさせる風物詩となっている。

都内には他にも富士塚が数多くあるが、これらに実際に登ってみると、当時の人々は膨大な労力と金銭をかけて塚を築いていたことがよく分かる。

江戸には多くの富士見坂と富士見町があり、江戸の町からは富士山が本当によく見えた。富士講や富士塚を通じ江戸の人々は強く富士山を意識し、毎日富士に手を合わせて生活していた。霊峰富士からのエネルギーを受けることで「江戸の活気は維持されている」「江戸は富士に守られている」との意識を江戸の人々が強く持っていたことは間違いない。

●富士信仰と風水の結びつき

このような江戸の人々の富士山へ特別な思いと、江戸の濠の渦巻構造を背景に富士の龍脈を導く「渦巻構造説」は発生した。

平安京のところで説明した風水の知識に従って考えてみよう。図４−７のように、江戸から見て西に位置する霊峰富士山を祖宗山と考えると、ここから発する「龍脈」は北から、大菩薩峠《だいぼさつとうげ》を通り大嶽《おおだけ》神社（東京都西多摩郡《にしたま》檜原村《ひのはら》）のある大岳山《おおだけさん》を抜けるルート、大《おお》月市《つき》を通り陣馬山《じんばさん》から高尾山薬王院《たかおさんやくおういん》（東京都八王子市高尾町）のある高尾山を抜けるルート、大山阿夫利神社《おおやまあふり》（神奈川県伊勢原市大山《いせはらおおやま》）のある大山を抜けるルートの三つを想定することができる。

「水」としては、江戸を囲んで流れる多摩川、目黒川、隅田川などを当てることができる。また、江戸城の中心にある紅葉山を「龍脳」とすると、江戸城本丸が「明堂」となる。

いささか強引かもしれないが、江戸は富士を祖宗山とし三条の龍脈が流れ込む風水の「理想的な地相」を有しているということができる。

なお、大嶽神社は大国主命《おおくにぬしのみこと》、少彦名命、日本武尊などを祀る古社であり、日本武尊東征の折、住民が日本武尊の徳を慕い、大岳山頂に大嶽大神の社を建立したのを始まりとする。ここでは、徳川幕府により江戸城守護の祈願が行なわれていたといわれている。

高尾山薬王院は、天平16（744）年に聖武天皇の勅令により東国鎮守の祈願寺として行基により開山され、永和《えいわ》年間（1375～1379年）に京都の醍醐寺から俊源大徳《しゅんげんだいとく》が入山し、いまの本尊である「飯縄《いづな》大権現」を祀ったといわれている。この飯縄大権現は烏天狗《からすてんぐ》を従え、白狐にまたがった姿で描かれる神仏習合の戦いの神であり、多くの武将

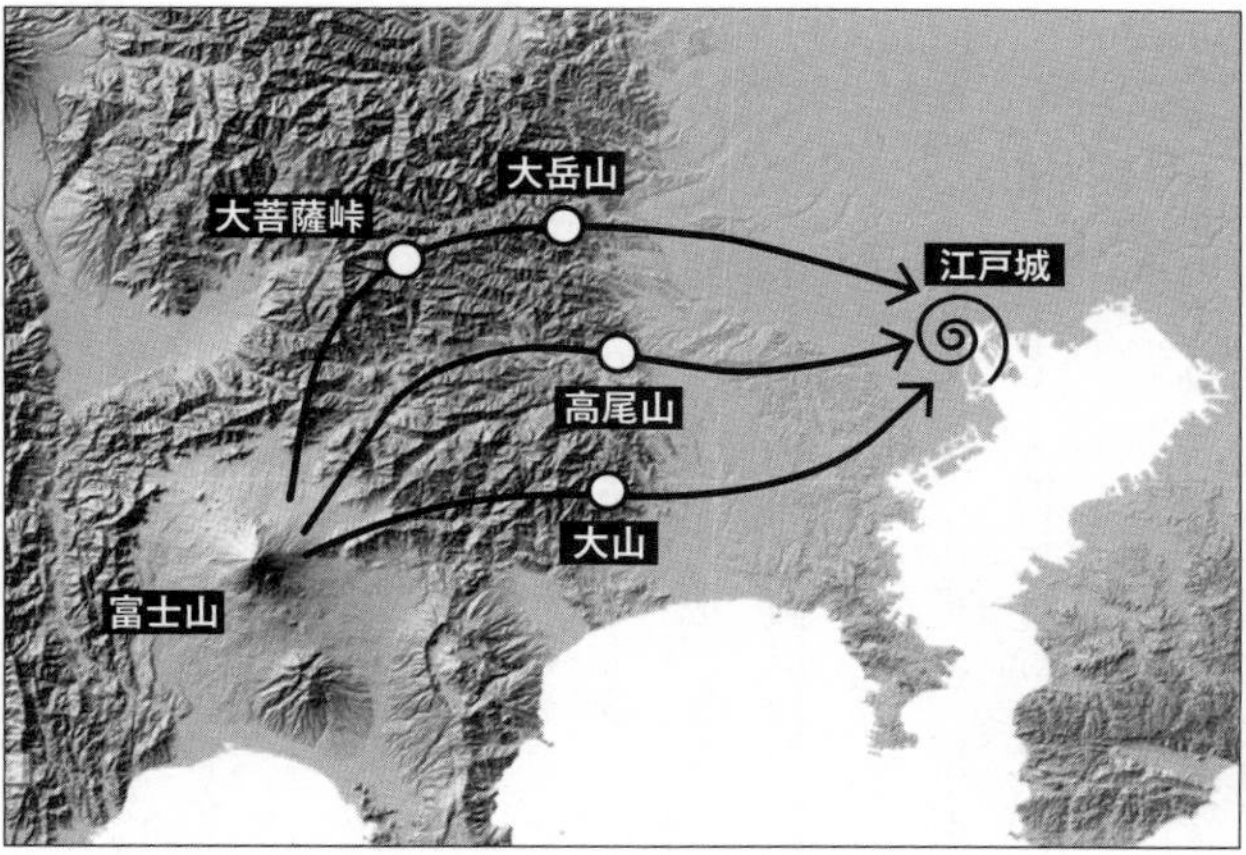

図4-7　江戸の風水構造（国土地理院地図 GSI Mapsに基づき作成）

たちの信仰を集め、徳川幕府も薬王院を厚く保護していた。

また、大山阿夫利神社は、約2200年前の第十代崇神《すじん》天皇の時代に創建されたと伝えられている古社であり、関東総鎮護の霊山として長く人々の崇敬を集めてきた。祭神は大《おお》山祇大神《やまつみのおおかみ》、高龗神《たかおかみのかみ》、大雷神《おおいかずちのかみ》の3体で、徳川家康をはじめ歴代将軍は、ここで武運長久を祈願したといわれている。江戸時代には庶民の崇拝も集め、大山参りは非常な隆盛を見た。

このように、富士山から江戸へ通じる三つの龍脈の通り道には、徳川家とも縁の深い、長い歴史を有する聖なる場所が存在していた。

また、風水では自然のエネルギーは「渦を巻いて蓄えられる」とされており、渦巻は気の流れそのものや、気のエネルギーをさらに活性化させる働きがあると考えられてきた。このため、江戸城を取り囲む水を満々と湛《たた》えた渦巻状の濠は気のエネルギーを受け止めるのには恰好のシンボルとなっている。

これらから、次のようにいえるかもしれない。

富士のエネルギーは三つの龍脈を伝わり江戸に流れ込んでおり、それを受け止めるのが江戸の濠の渦巻構造である

江戸城を取り囲む濠の位置は自然の川筋などの地形を踏まえたもので、紙に絵を描くように定められたものではないが、結果として時計回りの渦巻構造になっている。また、江戸に住む人々は毎日富士を眺め、富士山から生きるエネルギーを貰っていると信じていたことも事実である。江戸に住む人々の集合的無意識には、富士の存在がしっかりすり込まれていた。

これらを考えると、江戸の渦巻構造に関する様々な説が出てくるのは、自然なことなの

かもしれない。

天海は寛永20（1643）年に108歳で亡くなったといわれているので、江戸の渦巻構造の完成時にはまだ生きている。非常な長寿をまっとうした天海僧正に敬意を払い、江戸の渦巻構造説は大変魅力的な説として受け取っておきたい。

第5章

北斗七星が守る江戸の町

●ばらばらにされた将門の肉体

江戸には将門ゆかりの多くの神社が存在する。

将門関係の神社は江戸ばかりでなく関東に数多く存在するが、これは将門の肉体はばらばらにされ、それらを別々に祀ったと考えられたためである。

これらの神社に関連し、ひとつの魅力的な説があるので紹介したい。

中山太郎《なかやまたろう》は民俗学の創成期に活動した研究者である。約30年間も柳田國男に師事したが、正規の教育を受けておらず生涯在野で過ごした。研究方法も独特のもので、独断や飛躍が多いと批判され、研究は黙殺され、今では忘れられた民俗学者ともいえる。中山は、『屍体《したい》と民俗』の中で次のように述べている。

変死者の屍体を幾つかに斬り放して、各所に埋めて凶霊の発散を防いだ民俗もあった。即《すなわ》ち支解分離《しかいぶんり》がそれである。古く鳥取部万《ととりべのよろず》の遺骸を、朝廷の命令で八段に斬り八ヶ所に埋めたのもその一例であり、さらに平将門の首を、腕を、脚を祀ったと云う神社が各地に在るのも、またこの俗信に由来しているのである。京都府北桑田郡周《しゅう》山《ざん》村の八幡宮の縁起に、康平《こうへい》年中に源義家《みなもとのよしいえ》が反臣安倍貞任《あべのさだとう》を誅し、屍体を卜部《うらべ》の

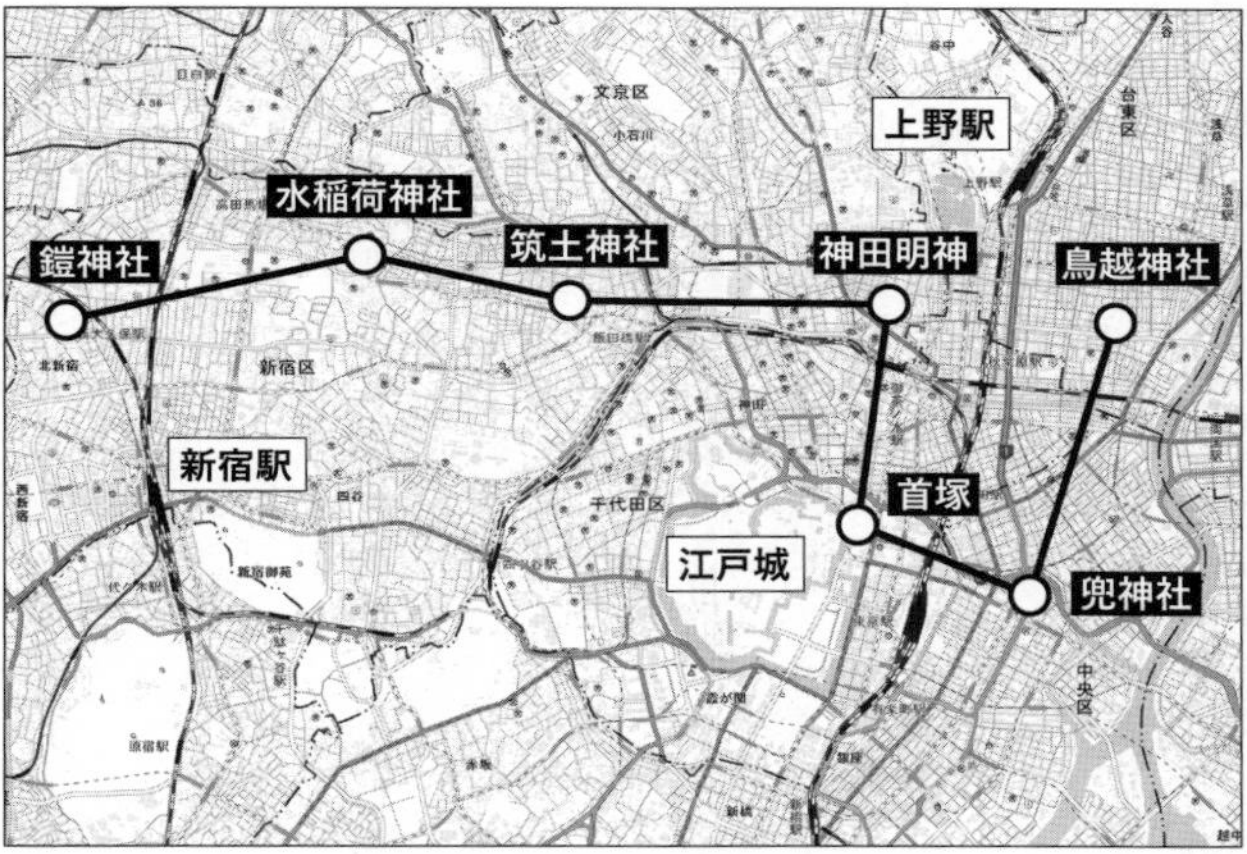

図5-1　江戸の北斗七星

勘文《かんもん》により四つに斬って四ヶ所埋めたが、それでも祟るので鎮護のために宇佐から八幡宮を勧請したのであると伝えている。これなども支解分離の一例と見ることが出来る。

このように、強い無念を抱いて亡くなった人間が凶霊となることを封じるため、その肉体をばらばらにして祀ることが「支解分離」である。

将門についても、その祟りを防ぐため、死体はばらばらに分離され別々の場所に祀られたとする考えもある。

作家の加門七海《かもんななみ》は、図5-1のように江戸にある将門ゆかりの六神社に注目し、これらを線で結ぶと江戸の町に北斗七星が現れることを指摘している（加門七海『平将門魔方陣』）。

●将門ゆかりの神社

東京で将門の体を祀る神社などは数多く存在するが、主要なものは次の通りだ。

・将門首塚（首）
・神田明神（将門の霊）
・築土神社（将門の首、首桶）
・兜《かぶと》神社（兜＝頭）
・鳥越《とりごえ》神社（手）
・鎧神社（鎧＝胴）

このように将門の肉体を祀ると伝わる神社が数多くあるのは、将門が古くから江戸の人々の崇拝を集めていたことによる。将門首塚、神田明神、筑土神社はすでに説明したので、以下では残りの3社を紹介したい。

(1) 兜神社

兜神社（中央区日本橋兜町）は、中央区日本橋にある。ここの境内には将門の兜を祀った兜岩がある。もともと、ここには兜を埋めた「兜塚」があったが、明治になって「兜塚」と「鎧稲荷」が合祀されて兜神社となり、この時、塚はなくなり兜岩のみ残された。兜塚は歴史が古い。神社の由来書には以下のように3つの由来が記されている。

①源義家奥州《おうしゅう》より凱旋の際、東夷《とうい》鎮定のため、兜を楓川《かえでがわ》のほとりに埋め一塊の塚となし、これを兜塚といった。
②前九年の役の頃、源義家が東征のみぎり岩に兜を懸けて祈願したことからこの岩を兜岩と呼ぶようになった。
③俵藤太秀郷（藤原秀郷）、平親王（平将門の尊称、天慶3（940）年2月14日戦死）の首を打って兜に添えて是まで持来れるが、兜をば茲《ここ》に埋めて塚となし兜山と云う。

以上の内、3番目が、将門に関係する由来となっている。なお、兜神社は日本橋の中で少し動いているようだが、この地から外に動いた記録はない。

(2) 鳥越神社

鳥越神社（台東区鳥越）は「寺は浅草、社は鳥越」といわれるほど、今に至るまで浅草エリアに住む人々の厚い信仰を集めている。

鳥越神社は白雉《はくち》2（651）年の創建と伝えられ、祭神は日本武尊《やまとたける》である。日本武尊が東征の途中で、この地に留まったことを近在の者が尊び、白鳥神社を建立したのが始まりとされる。日本武尊はその死に際し、白鳥となって天に帰ったといわれることから白鳥と関係が深い。

その後、平安中期に源頼義が陸奥守《むつのかみ》となって陸奥の国に赴く途中、白鳥に導かれて無事に大川の浅瀬を渡ることが出来たため、鳥越神社と改称したとも伝えられている。

一説によると、京都から飛んで帰った将門の首がこの地を「飛び越えた」ことから「鳥越（飛び越え）」という地名になり、さらに社名となったとの説もある。このため将門に縁のある神社とされているようだ。正式な由来などには書かれていないが、将門の手をこの神社に葬ったともいわれている。

(3) 鎧神社

鎧神社（新宿区北新宿）の最寄り駅はＪＲ総武線東中野で、ここから少し歩いたところに神社はある。

祭神は「日本武尊」「大己貴命」「少彦名命」「平将門」であり、神社の縁起書きなどによると、鎧神社の創建は約１１００年前に遡る。醍醐《だいご》天皇の時代（８９８～９２９年）、この地に薬師如来を祀った円照寺が創建され、この寺の鬼門の守護のため鎧神社が建てられた。

この地は、日本武尊が東国の平定に向かった際、鎧を埋めたと伝えられる場所であり、後に戦いに敗れた将門を追慕した人々が、この地に将門の鎧を埋めたともいわれている。

また、将門を討った藤原秀郷が重い病を得て床に就いた時、円照寺に参詣し祠を建てて将門の鎧を埋めて祀ったところ病はたちまち癒え、以後、村の鎮守の社として近隣の尊崇を受けてきたとも伝えられている。

●魅力にあふれる北斗七星説

以上に説明した3神社に、将門首塚、神田明神、筑土八幡神社、水稲荷神社を加えると江戸の町に北斗七星が現れる。

なお、加門は将門ゆかりの神社として、一説には将門の足を祀ったとされる筑土八幡神社を挙げているが、これは江戸時代に隣同士に並んでいた将門の首桶を祀る筑土神社と入れ替えた方がよいかもしれない。ただし、ふたつの神社は隣接していたので入れ替えても場所はほとんど動かない。

北斗七星に含まれる水稲荷神社（新宿区西早稲田）は、藤原秀郷が将門を調伏する目的で建てられた神社なので、将門の身体を祀る他の神社とは、明らかに性格が異なっている。

なお、水稲荷神社は現在「新宿区立甘泉園《かんせんえん》公園」に接する位置にあるが、元々は藤原秀郷が現在の早稲田大学9号館にあった塚の上に、稲荷大明神を勧請したのが始まりとされるので、図5-1では、こちらの位置を採用することにした。

加門は、この神社を北斗七星に加える理由として、「兜神社、将門首塚、神田明神はいずれも将門の首に関係し、鎧神社は胴体に関係するので、首と胴を斬る位置に水稲荷神社を挟んでいる」と述べている。

なぜこんなことをするのか、その理由を次のように述べている。

怨霊を神として祀る場合のポピュラーなやり方のひとつに、封じ祀りという方法がある。これは一旦封じた霊を、封じたままで祀り上げ、その霊的なパワーの強さをご利益としてしまうやり方である。

つまり、将門のパワーは強すぎるので、制御するため水稲荷神社を挟んでいるとの主張になろうが、これは支解分離の考え方と整合している。

「このような将門ゆかりの首塚と神社の配置は幕府が意図したもので、将門の霊を北斗七星の形で祀ることで江戸の守りとした」というのが北斗七星説である。

ただし、兜神社、鳥越神社、水稲荷神社、鎧神社の四神社と将門首塚は、江戸幕府の成立以前からその地に建っており、幕府が位置を定めたのは、「神田明神」「筑土神社」の二つだけである。このため、幕府が意図して各神社を配置したと考えることには無理がある。

北斗七星説を成り立たせるためには、次のように考えるしかないが、これではオカルトになってしまうだろう。

将門の霊は、自分が果たせなかった王権を坂東《ばんどう》に開いた徳川に助力するため、時間を超越して多くの人々の無意識に働きかけ、江戸の町に北斗七星を描かせた。

この説が魅力的なのは、きれいな北斗七星を江戸の町に描ける点にある。また、家康を守護する摩多羅神（北斗七星）と、将門ゆかりの神社の配置を結び付けた発想も素晴らしい。北斗七星説は、ひとつの神話として受け取っておくのが賢明かもしれない。

なお、本書では触れないが、北斗七星説以外にも「五街道と濠が交わる見附の位置に、将門の身体を祀る神社が配置され、江戸を守っている」との説もある（宮元健次『江戸の都市計画』）。ただし、この説は神社の位置などに誤りが多い。

疑問な点もある「北斗七星説」を本書で敢えて取り上げたのは、将門ゆかりの神社は数多く、これらを操作することで新たな神話を紡ぎ出せることを、この説は教えてくれる点にある。また、時間軸を見ないで空間的な配置のみに注目することは、時として不十分であることを改めて教えてくれる点にある。

このように、現代でも将門にまつわる新たな神話が生まれるのは、坂東に生まれ独立を目指すが、それが果たせず怨霊となった将門の強い存在感によるものと考えられる。

首塚を粗末にすると祟りがある、首塚はどうしても動かせないなど、将門の霊力は今も生きており、多くの人々に強い印象と崇拝の念を与えてきたといえる。

第6章

江戸の結界

●「性と死」「明と暗」が対となった江戸の結界

江戸幕府が定めた江戸の境界は曖昧《あいまい》だ。

江戸時代、幕府が直轄する江戸市中を「御府内《ごふない》」といったが、文化《ぶんか》元（1804）年になって、ようやくこの範囲が「江戸城を中心とした四里四方《よりよほう》」と定められた。

幕府が成立してから200年も経ってやっと御府内が定められたことに驚かされる。江戸幕府では、武士は大目付と目付が支配し、寺社は寺社奉行が、町民は町奉行がそれぞれ別に支配したので、相互で所管するエリアを調整することが難しかったのだろう。

「江戸城を中心とした四里四方」の定義は不明瞭なので、改めて文政元（1818）年に「朱引《しゅびき》」と「墨引《すみびき》」が定められた。

「朱引」とは勘定奉行と寺社奉行が差配する範囲であり、「墨引」とは町奉行の差配する範囲である。全体的に「朱引」の方が「墨引」よりやや広いが、目黒不動は有名な観光地だったので治安を維持する必要から、ここだけ「墨引」が突出している。

いずれにしても、江戸が急激に膨張した以降、図6-1に示す範囲が御府内として、ぼんやりと認識されていたものと思われる。

また、江戸から発する街道は五つあった。これらの街道は「東海道」「日光街道」「奥《おう》

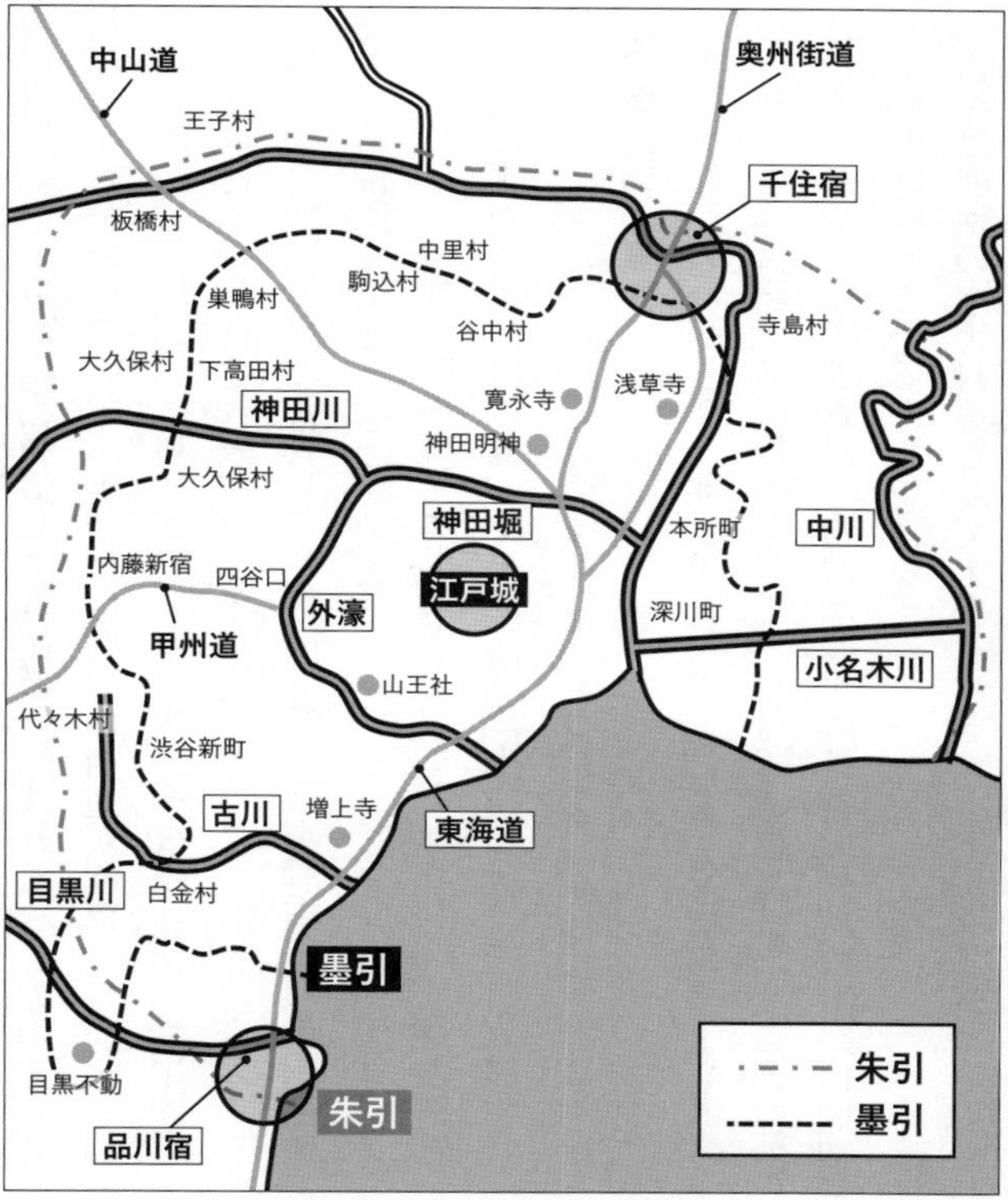

図6-1　江戸の朱引と墨引

（鈴木理生『スーパービジュアル版 江戸・東京の地理と地名』の掲載図を参考に作成）

州《しゅう》街道」「中山道《なかせんどう》」「甲州道《こうしゅうどう》」で五街道と呼ばれた。この中で、日光街道は宇都宮内で奥州街道から分かれるので、実際には四つの街道が江戸から発していたことになる。なお、「東海道」は品川宿で、「奥州街道（日光街道）」は千住宿《せんじゅ》、「中山道」は板橋村《いたばし》、「甲州道」は代々木村で、それぞれ朱引と交差していた。

図6‐1の中で特に注目したいのは、サークルで示した奥州街道と東海道が「朱引」と交差する位置である。

ここには、遊郭（岡場所）と刑場がセットで配され、江戸の結界となっており、表鬼門の方角に当たる千住宿には、「吉原《よしわら》遊郭」「小塚原《こづかっぱら》刑場」が置かれていた。

●吉原遊郭の誕生

吉原は江戸のハレとケ（非日常と日常）を反転した異界である。

現在でも「吉原」は風俗街として台東区千束《せんぞく》にあるが、この位置は地図から容易に見つけることができる。これは、吉原エリアの碁盤の目状の道路は周辺と異なり、南北軸に対して45度回転しているからである。

吉原は低地の水害対策として土を1・5メートルほど盛って、まわりに「お歯黒どぶ」

と呼ばれる幅2間（3・6メートルほど）の堀を巡らして造られた。ここは、周辺の世界とは隔絶しており、唯一の入口である吉原大門《おおもん》は表鬼門（艮＝北東）の方角に向かって開いていた。

このため、鬼門から吉原に入る遊客は、人ならぬ鬼に見立てられていたことになる。

以下、吉原の歴史を簡単にまとめたい。

徳川による江戸の大改造が始まると、様々な普請に係わる多くの人々が江戸に流れ込んできた。また、参勤交代《さんきんこうたい》制度が始まると、大名に従った多くの武士が単身者として入ってきた。これらの人々の生活を支える商人や職人も数多く入ってきた。このため、江戸は圧倒的に男性が多い町となり、女性が強く求められた。

このため、各地から私娼《ししょう》屋が多数江戸に参入してきた。幕府はこれらの私娼屋の管理の必要性を感じ、江戸柳町《やなぎちょう》の私娼屋主人の庄司甚右衛門《しょうじじんえもん》の願いを聞く形で、それまであった私娼屋をまとめて幕府公認の遊郭とした。これが吉原の始まりで、営業場所には日本橋葺屋町《ふきやちょう》周辺の葦《あし》の繁る原野（現在の人形町《にんぎょうちょう》）が割り振られた。葦＝悪しを転じて吉原との呼び名はこれに由来する。

この地は、江戸前島の東側の湿地帯で建物も作れないような軟弱地盤だったといわれている。甚右衛門はこの地の埋め立てを始め、元和3(1617)年に吉原は幕府に公認され翌年から営業が始まった。当初は、吉原の営業は昼間のみに限るなど、幕府から厳しい条件が付けられていた。

寛永19(1642)年に成立した『あずま物語』では、当時の吉原には遊女が987人おり、その内、太夫は75人いたことが記されている。

なお、遊女とは幕府公認の遊郭で働く公娼を指し、それ以外での使用は禁じられていた呼び名だった。吉原は遊郭であり、ここで働く女性は遊女と呼ばれたが、その他の岡場所などで働く女性は、女郎《じょろう》などと呼ばれた。また、最上級の遊女は、当初は太夫《たゆう》と呼ばれたが、江戸中期以降になると花魁《おいらん》と呼ばれるようになった。したがって、初期の遊女を花魁と呼ぶのは間違いだ。

さて、江戸の町が爆発的に発展すると、いつの間にか人形町周辺は江戸の中心部になってしまった。これでは治安上具合が悪い。このため、明暦3(1657)年の明暦の大火の際、吉原が全焼したのをきっかけに、吉原は江戸の中心部から大きく離れた現在の台東区千束に移転させられ、以降「新吉原」と呼ばれるようになった。江戸の中心部から遠く離れた辺鄙《へんぴ》な場所に移ることの交換条件として、新吉原では夜間の営業も認められるようになった。

なお、明暦の大火は、6万8000人余の犠牲者を出した江戸時代を通じて最大の火災だった。この振袖火事では、火は本郷から湯島《ゆしま》、駿河台、神田、日本橋、八丁堀、霊岸島《れいがんじま》、鉄砲洲《てっぽうず》と燃え広がり、浅草から隅田川を越え向島《むこうじま》も焼けた。翌日には再度、小石川から出火し、北の丸の大名屋敷を焼いて江戸城本丸の天守閣までが焼失してしまった。木と紙から成る江戸の町は本当によく燃えた。

この明暦の大火をきっかけに、幕府は江戸の大改造に着手した。延焼防止のため街路の幅を広げた広小路《ひろこうじ》が上野をはじめ各所に造られ、避難のために隅田川には両国橋《りょうごく》や永代橋などが架けられた。また、大名屋敷が城郭外に出され、寺院の多くが郊外に移動させられた。吉原の移転もこの一環で行なわれたものである。

さて、移転した新吉原はさらに発展した。元禄2（1689）年の『吉原大絵図』に基づいた人口調査では、当時の吉原には約2800人の遊女がいたと推定されている。移転前の元吉原の贔屓《ひいき》筋は旗本や大名家の上級武士が多かったが、江戸の経済の発展に伴って、だんだんと豪商の遊びが目立つようになっていった。豪商の紀伊国屋文左衛門《きのくにやぶんざえもん》と奈良屋茂左衛門《やもざえもん》はどちらも材木商人で、争うように吉原で放蕩《ほうとう》の限りを尽くしたと伝わっている。1000両かけて見世《みせ》（遊郭）を1軒、丸ごと貸し切ったり、これはいくらなんでも本当かと疑うが、吉原のすべての見世を貸し切って豪遊したとも伝わっている。

●異界を演出する吉原遊郭

辺鄙《へんぴ》な場所にある新吉原に通うのは大変だった。船で通うには、柳橋あたりの船宿で猪《ちょ》牙船《きぶね》を仕立て、隅田川を上り山谷堀《さんやぼり》で船宿に船を停めた。

「いのししのきば（猪牙）」とは威勢がいい名前だが、先端の尖ったスピードの出る小船なので、この名が付いたようだ。また、山谷堀は待乳山聖天の脇の山谷堀公園（台東区東浅草）として残っている。

山谷堀からは日本堤《にほんづつみ》を歩いて吉原に向かった。日本堤は、隅田川の氾濫に備え、これより内側を水害から守るために造られた土手で、土手の上が通りとなっており、遊客相手のよしず張りの多くの店が並んでいた。なお、日本堤は浅草と三ノ輪《みわ》を結ぶ「土手通」として残っている。土手は切り崩されたが土砂は少し残って、現在も注意してみると土手通りはまわりよりやや高くなっている。

日本堤を通り吉原の入口に着くと、そこには「見返り柳」が立っていた。「見返り柳」

は、吉原の遊客が帰り際、名残《なごり》を惜しんで振り返ったことから付いた名といわれ、現在も何代目かの元気な柳を見ることができる。ここから、外から直接中が見えないよう「くの字」に曲がった「五十間道《ごじゅっけんどう》」を下って行くと、やっと吉原大門に到着した。

このように時間をかけて吉原に通うことは、日常生活を一度リセットする意味があったと考えられる。

さて、大門から吉原に入ると、まずは郭《くるわ》の大通りである「仲の町」の通りが目に入った。仲の町は一年中花々で豪華に飾りつけられ、春には桜の木が、秋には紅葉がわざわざ植えられた。夜には多数の百目蠟燭《ひゃくめろうそく》で町は華麗にライトアップされた。百目蠟燭は重さが100匁《もんめ》＝約375グラムもある高価な蠟燭で、行灯《あんどん》の10倍の光量があるといわれていた。このような演出で、移転後の新吉原は目も眩《くら》むような不夜城となっていた。

鬼となって鬼門から入った遊客には、日常とは異なるルールが待っていた。

武士は見世（遊郭）に入る前、刀を取り上げられ丸腰となった。身分制度の厳しい江戸時代、刀は武士の命である。その刀を取り上げることは身分制度の呪縛から逸脱することを意味した。その代わり、吉原では金銭が大きくものをいった。客の扱いも、身分ではなく支払う金銭で決められた。ここには、商人が誰に気兼ねすることなく、見栄《みえ》を張れる世界が出現していた。

花魁の姿も非日常だった。花魁は髪を高く結い大きな櫛《くし》を付け、頭の前部を多くのかんざしで飾った。着物も特別で「お引きずり」と呼ぶ長い裾《すそ》の着物をまとい、「抜きえり」と呼ぶ、うなじを大きく開いて見せる着方をした。帯は後ろで結ぶのが普通だが、花魁は前で結んだ。花魁道中では30センチもある黒塗りの高下駄を履いた。花魁の言葉も独特だった。花魁は「――でありんす」「――でおす」というような「郭言葉」を話した。この「郭言葉」は吉原でしか用いられない優美で非日常的な言葉だが、花魁の出身が地方であることを隠す意味があったともいわれている。

このように、吉原はハレとケが反転した非日常な世界を意図的に作ることで、江戸の社会システムのガス抜きの機能を果たしていたと考えることができる。このためには、鬼門に門を開くように仕掛けが必要だったのだろう。

現在、江戸を「ユートピア」のように語る言説が数多い。しかし、江戸の生活は厳しい身分制度に縛られていた。隣同士の5軒を1組として互いに監視させ、何かあると連帯責任を課す「五人組」の制度があった。夜になると町々を区切る木戸は閉められ移動は厳しく制限された。目明《めあか》しが幅を利《き》かせ、無実の罪で処刑された事例も数多い。

多くの庶民は、厳しい監視・管理の下《もと》に置かれていた。「江戸っ子は宵越《よいご》しの金は持たない」というのも、日雇いの生活では、宵越しの金は持ちたくても、持てなかったからである。見方によっては、江戸はものすごい「ディストピア」だった。一方で、細やかな人情に支えられた穏やかな日常があり、物見遊山を楽しみ、祭りで高揚する活気ある生活があったことも事実である。見方によって、「ユートピア」にも「ディストピア」にもなるのは、今も昔も同じかもしれない。

吉原についても、「吉原の遊女はファッションリーダー」「遊女は江戸で一番教養の高い女性だった」「吉原は文化の発信基地だった」などの言説が流布《るふ》されている。たしかに、そのような面はあるだろう。しかし、吉原が遊女たちにとって苦界《くがい》だったことは間違いなく、その負の部分にも目配りが必要だろう。

●街道のそばに置かれた小塚原刑場

千住の近く、小塚原に刑場があった。

小塚原刑場は、品川の鈴《すず》ヶ森《もり》刑場と並ぶ江戸の刑場で、明治時代始めに廃止されるまで、磔《はりつけ》、獄門、火罪、斬首などが執行されていた。延べ20万人の罪人が刑死したという。

小塚原刑場は、慶安4（1651）年に、小塚原町の奥州街道の脇に造られた。

もともと、江戸幕府成立後、刑場は現在の日本橋本町《ほんちょう》4丁目あたりにあったが、その後、鳥越《とりごえ》と京橋《きょうばし》に分かれ、鳥越の刑場は小塚原に、京橋の刑場は品川近くの鈴ヶ森に移動した。刑場は都市の真ん中に置かれるものではないので、初期の刑場の位置は、江戸の町が当初いかに小さかったかの証左でもある。

さて、小塚原刑場があったのは、現在の小塚原回向院《えこういん》（荒川区南千住）の南側である。図6-2に見るように、刑場があった場所あたりにはJR常磐線《じょうばん》とJR貨物線のレールが敷かれ、営団地下鉄日比谷線の高架線が走っている。こう考えると少し恐ろしい。

小塚原回向院は、本所回向院の住職、弟誉義観《ていよぎかん》が刑死者を供養するため、この地に常行堂を建てたのを始まりとし、寛文7（1667）年に本所回向院の分院として開かれた。ここには、安政の大獄で獄死した吉田松陰《よしだしょういん》や橋本左内《はしもとさない》らの墓がある。

本所回向院（墨田区両国）は、振袖火事の犠牲者を回向するため、将軍徳川家綱が命じて建てられた寺院であり、正式には「諸宗山無縁寺回向院《しょしゅうざんむえんじ》」という。現在では「両国回向院」といった方が通りはいいかもしれない。本所回向院は、大火で犠牲となった身寄りもいない人々を、宗派を超えて弔うために建てられた寺なので、小塚原で刑死した罪人も

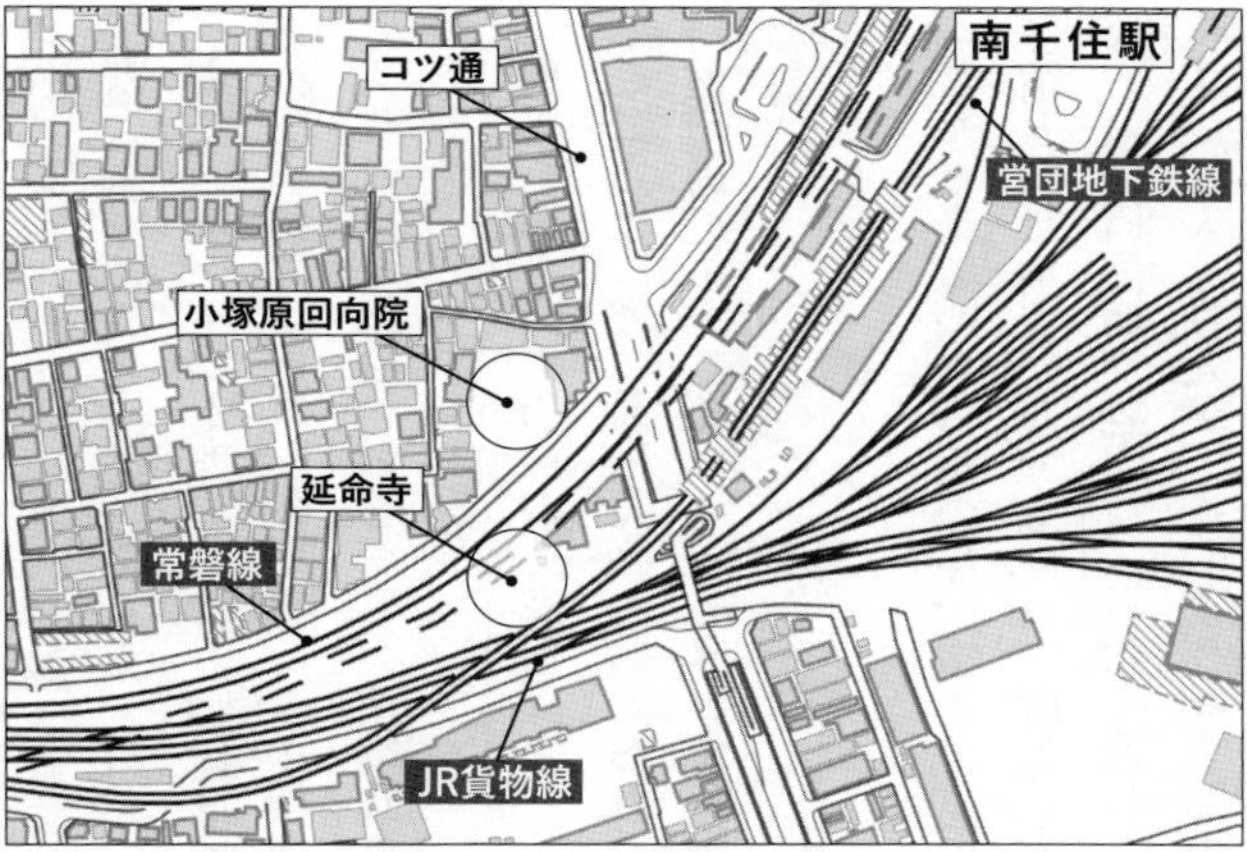

図6-2　小塚原刑場のあたり（国土地理院地図 GSI Mapsに基づき作成）

放っておけなかったのだろう。

また、昭和になって小塚原回向院から分かれた浄土宗の延命寺《えんめいじ》（荒川区南千住）は、小塚原回向院とJR常磐線の線路を隔てて接している。境内には寛保元（1741）年に建立された4メートルを超す「首切り地蔵」がある。この地蔵は、もともと現在の位置から少し南の「コツ通り」に面する刑場の入口に立っていたが、明治になってJR貨物線の工事に伴い現在の場所に移された。往時は、この地蔵は遠くからでもよく見えたに違いない。

なお、「小塚原」の地名は、コツ通りの北にある素盞雄神社にある瑞光石《ずいこうせき》を祀る古い塚（古塚）に由来するといわれている。また、諸説あるようだが、現在は拡幅されて開放的で明るい空間が広がっているコツ通りは、「小塚原の通り」を縮めて呼んだものといわれている。

さて、刑が下った罪人の首と胴体は切り離され、首はコツ通りにある「梟首場《きようしゆじよう》」に晒《さら》された。胴体はそのまま野晒《のざら》しにされるか、少し土を被せて浅く埋めるだけだったので、野犬やイタチが食い散らかし、凄惨な様子を呈していたという。夏の臭気も大変なものだったろう。

刑場をわざわざ街道のそばに置き、このような見せしめ的な扱いをしたのは幕府の意図したことだった。幕府に逆らったらどうなるかを、「見える化」したものと考えてよい。奥州街道を上り江戸に入ろうとする旅人には、このような恐ろしい光景が待ち受けていた。

なお、裏鬼門の方角の品川宿も「品川宿の岡場所」「鈴ヶ森刑場」がセットとなって千住宿と同じ構造になっていた。遊郭と刑場は、「性と死」「極楽と地獄」「明と暗」のような一対の概念が交差する、日常を逸した空間となっていた。

江戸に入る旅人が、このような空間を通過することは、一種のイニシエーションとなっていたといってよい。ここは、嫌でも極楽（遊郭）と地獄（刑場）を至近に感じる場所であり、ここを通り抜けることは、大袈裟にいえば死と再生を意味した。江戸は極楽のような場所であると共に、罪を犯したらどんな恐ろしい地獄のような目に遭うか、旅人たちは身に染みたに違いない。

表鬼門と裏鬼門の朱引の位置に遊郭（岡場所）と刑場をセットで配置することで、江戸の内と外は明確に分節化されていた。これは江戸の結界と呼べるものである。

●江戸の霊的防衛の全体像

本書でこれまで検討してきた江戸の宗教的な構造をまとめると図6–3のようになる。

本図に示した江戸の霊的防衛装置の内、最大の施設は日光東照宮である。日光東照宮は、北辰妙見信仰と山王一実神道を繋ぎ、家康を「最高神＝北極星＝薬師如来」として祀るための装置であり、最高神家康は山王権現（＝天照大御神）と摩多羅神を従えて北極星のもと江戸を守っていた。

江戸城の表鬼門には「江戸城の鬼門角欠」「神田明神」「寛永寺」「浅草寺」が重層的に配置され、裏鬼門には「山王社」「増上寺」「目黒不動」が配置された。また、天門の方角には「天門の道（江戸城北の丸）」「筑土神社」「護国寺」が配置された。

以上に挙げた表鬼門、裏鬼門、天門を防衛する8寺社の内、徳川が創建した、あるいは場所を移したのは「神田明神」「寛永寺」「増上寺」「山王社」「築土神社」「護国寺」の6寺社にのぼる。位置が動いていないのは「浅草寺」と「目黒不動」だけである。

寛永寺は、この二つの古刹を支配下に置き江戸の霊的防衛システムに組み込んだ。また、増上寺の菩提寺の地位を脅《おびや》かし、将軍家の菩提を弔《とむら》う役割も獲得した。寛永寺から自由な存在は、遅れて来た護国寺のみであった。天海の強力なイニシアティブのもと、江戸の霊的防衛の主体は天台宗が担っていた。

また、山王社、筑土神社は守るべき方角に繰り返して移動しており、この方角の守りの役割を担っていたことの明確な証《あかし》となっている。

神田明神と筑土神社は将門の首塚に由来し、寛永寺と増上寺は古墳があった場所に建っている。徳川は江戸に古くから伝わる霊的パワーを巧みに寺社の配置に取り入れていた。

さらに、朱引と表鬼門、裏鬼門が交差する位置に、遊郭（岡場所）と刑場から成る分節点が設けられ、江戸の結界となっていた。ここは嫌でも、極楽と地獄を至近に感じる場所となっており、江戸に入ってくる旅人たちを待ち受けていた。

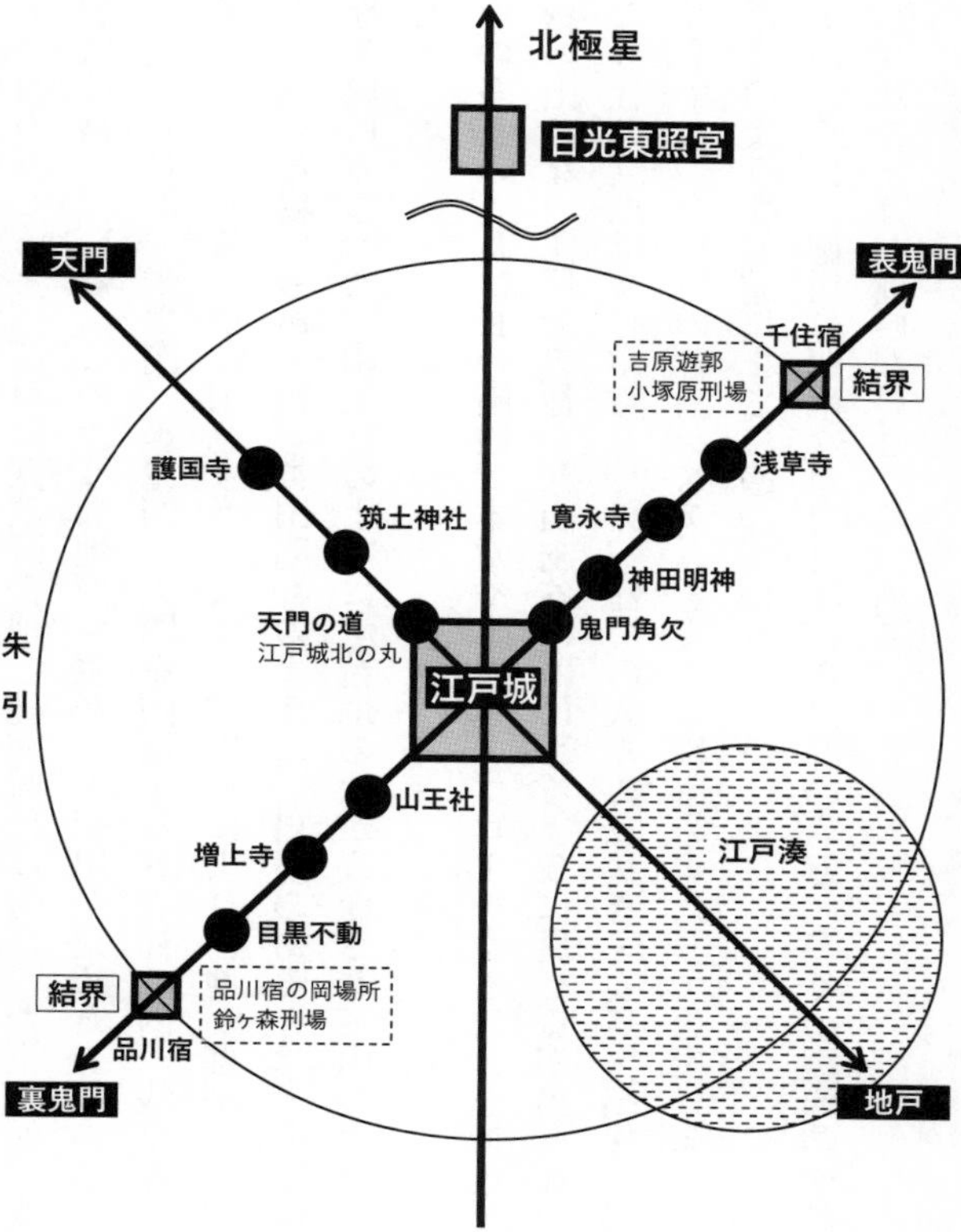

図6-3　江戸の霊的防衛全体図

地形に目を転じると、江戸は武蔵野台地と縄文時代に海だった下町から成っており、台地は起伏に富んでいる。このような地形を生かし、徳川が定めた寺社の多くは台地の縁を選んで建てられた。表鬼門、裏鬼門、天門を防衛する8寺社の内、浅草寺を除く7寺社がこの条件に該当する。東叡山寛永寺のように、川筋により台地が掘削され、あたかも山脈のように見える場所もあった。神田明神のように、自然のあるいは人の手によって三方が崖となる場所もあった。山王社のように、台地の縁が改変されて山のように見える場所もあった。

江戸の多くの寺社は長い階段で本堂や本殿へアプローチすることを特色とするが、これは本物の山のない江戸で寺社を深山幽谷の中にあるように見せる演出となっていた。このような寺社の立地は非日常性を与え、江戸の人々に息抜き・安息・高揚の場所を提供し、監視社会であった江戸の社会システムを支える役割も果たしていた。起伏に富んだ江戸の地形はこのような要請にまさに適っていた。

以上のように、徳川は明確な意思と緻密な計算のもと、多くの霊的防衛装置を江戸に張り巡らせたことは間違いないところである。

おわりに

本書では風水や陰陽道などを手掛かりに、京都（平安京）と比較しながら、江戸の宗教的な構造を考え、地形との関係を見ていった。

本書では、日本の風水や日光東照宮の成立をはじめ、先人の優れた研究を数多く参照させていただいた。これらの知見を活用し、相互の関係を吟味しながら新たな見解を加え、江戸の霊的防衛の全体像を俯瞰したところが本書の特色だと考えている。また、不十分ながら寺社と地形との関係について考察した点も本書の特色となっている。

私は大学で建築を教えているが、若い時から民俗学、宗教学、哲学などへの志向が強く、柳田國男や折口信夫《おりくちしのぶ》、海外では、レヴィ＝ストロースやフーコーなど色々と読んできた。建築の道を選んだのも工学の中で最も人との関係が深い分野であったことによる。

町歩きを始めた当初は、漫然と知らない場所を歩いていたが、だんだんと江戸の歴史や地理について、特に寺社の由来など宗教的な方面に強い関心が湧いてきた。

また専門とする基礎構造の延長で地質学の勉強を始めて地質や地形に関する知識が増えると、街と地形との関係についても多くのことが見えてきた。本書では、これらの経験を活かし、分野をまたいで知見を集め江戸の霊的な構造に迫っていった。

江戸城の「鬼門角欠」と「天門の道」は、関係する図面を数多く眺めている内に思いついたものだ。両者について言及した文献等はないかもしれない。

また、寛永寺と浅草寺、増上寺の関係は従来から良く知られているが、これを手掛かりに他の例はないかと調べている内に、目黒不動が天海に狙われた事実に辿り着くことができた。本書では、目黒不動の例をはじめ、天台宗が江戸の霊的防衛の中心となっていたことを体系的に示すことができた。さらに、目黒不動に関連し「三不動」について検討したが、家光の鷹狩りと結びつけることで、その意味合いが見えてきた。この結果、諸説あった「五色不動」についても、その位置づけを整理できた。

天門（乾＝北西）の守りについて疑問を持って調べたところ、まず筑土神社に辿り着いた。筑土神社について記した書物は少ないので来歴を調べてみると、神田明神と筑土神社が同体ではないか、との仮説に行き当たった。また、筑土神社は繰り返し天門の方角を動いており、この方角の重要性を確信した。これは、裏鬼門の方角を繰り返して動いた山王社についても同様である。江戸城北の丸～筑土神社～護国寺に至る「天門の見えない糸」は、天門の方角の寺社などを調べている内に閃いたものである。

江戸の「四神相応説」については、江戸の成長の歴史を辿ることで、後付け説である可能性を示すことができた。また「江戸の渦巻構造説」については、崑崙山から三つの龍脈が発する風水の知識や、江戸の人々の富士に対する強い思いをもとに改めて整理した。「北斗七星説」は時間軸から見ると課題はあるものの、優れた発想に基づく魅力的な説であることを確認できた。「江戸の結界」については従来からたびたびいわれてきたが、江戸の境界や、吉原と刑場の歴史を辿ることで、その意味合いに肉付けを与えることができた。

江戸に関する書物は本当に数多く、あらゆることが語り尽くされている。本書で付け足すことができたのは、ほんのわずかな部分だけだが、自分としてはこれが精一杯のところである。読者各位のご教授とご批判をお願いし、筆をおきたい。

辛丑《2021年》　弥生《3月》吉日　土方勝一郎

主要参考文献

●京都

荒俣宏『帝都物語　第壱番～第六番』角川文庫
小松和彦、内藤正敏『鬼がつくった国・日本』光文社文庫
「別冊宝島EX　京都魔界めぐり」宝島社
佐々木高弘「京都・江戸魔界めぐり【京都編】」NHKテキスト
諏訪春雄『日本の風水』角川選書
黄永融『風水都市―歴史都市の空間構成―』学芸出版社
渡邊欣雄『風水思想と東アジア』人文書院
何曉昕『風水探源―中国風水の歴史と実際』人文書院
朝鮮総督府編『朝鮮の風水〈復刻版〉』上下　龍渓書舎
鈴木一馨『陰陽道』講談社選書メチエ
年代学研究会編『天門・暦・陰陽道』岩田書院
藤巻一保『安倍晴明占術大全』学研プラス
槇野修『京都の寺社505を歩く 上下』PHP新書
京都府歴史遺産研究会編『京都府の歴史散歩 上中下』山川出版社
高橋昌明『京都〈千年の都〉の歴史』岩波新書

主要参考文献

脇田修、脇田晴子『物語 京都の歴史』中公新書

●江戸の地形と歴史

貝塚爽平『東京の自然史』講談社学術文庫

貝塚爽平、小池一之、遠藤邦彦、山崎晴雄、鈴木毅彦編『日本の地形4 関東・伊豆小笠原』東京大学出版会

松田磐余『対話で学ぶ 江戸東京・横浜の地形』之潮（コレジオ）

芳賀ひらく『江戸の崖 東京の崖』講談社

芳賀ひらく『江戸東京地形の謎』二見書房

本田創編著『東京「暗渠」散歩』洋泉社

永井荷風『荷風随筆集上下』岩波文庫

鈴木理生編著『図説 江戸・東京の川と水辺の事典』柏書房

鈴木理生『スーパービジュアル版 江戸・東京の地理と地名』日本実業出版社

鈴木理生『江戸はこうして造られた』ちくま学芸文庫

遠藤毅「東京都臨海域における埋立地造成の歴史」地学雑誌113（6）2004

東京都地質調査業協会「江戸城なりたち、その地形・地質との関係」技術ノート（No.3）昭和63年7月

村井益男責任編集『江戸城 日本名城集成』小学館

深井雅海『図解 江戸城をよむ』原書房

「江戸始図」（松江歴史館所蔵）

「江戸城之図」（甲良家史料、江戸切絵図）
朝倉治彦解説・監修『江戸城下変遷絵図集8』原書房
師橋辰夫『嘉永・慶応 江戸切絵図』人文社
『歌川広重《名所江戸百景》のすべて』東京芸術大学大学美術館
山室恭子『黄門さまと犬公方』文春新書
高橋典幸編『中世史講義【戦乱篇】』ちくま新書

●江戸の宗教

「別冊宝島 徳川将軍家の謎 呪術と武力に支えられた「王権」の物語」宝島社
内藤正敏『魔都江戸の都市計画』洋泉社
内藤正敏『民族の発見Ⅲ 江戸王権のコスモロジー』法政大学出版部
川村湊『闇の摩多羅神』河出書房新社
浦井正明『上野寛永寺 将軍家の葬儀』吉川弘文館
伊藤聡『神道とは何か 神と仏の日本史』中公新書
高藤晴俊『日光東照宮の謎』講談社現代新書
菅原信海編、田邉三郎助編『日光 その歴史と宗教』春秋社
乃至政彦『平将門と天慶の乱』講談社現代新書
柳田國男『風位考（定本柳田国男集20）』筑摩書房

主要参考文献

三谷栄一『日本文學の民俗學的研究』有精堂出版
加門七海『平将門魔方陣』河出書房新社
宮元健次『江戸の都市計画』講談社選書メチエ
中山太郎著、礫川全次編『タブーに挑む民俗学—中山太郎土俗学エッセイ集成』河出書房新社
平凡社地方資料センター編『日本歴史地名大系第13巻　東京都の地名』平凡社
菊地秀夫『江戸東京地名辞典』雪華社
『新編千代田区史 通史編』東京都千代田区
『東京都神社史料第一輯』東京都神社庁
『郷土目黒第2輯、第3輯、第26輯、第40集、第41集』目黒区郷土研究会
街と暮らし社編『江戸・東京　歴史の散歩道1　中央区・台東区・墨田区・江東区』街と暮らし社
街と暮らし社編『江戸・東京　歴史の散歩道2　千代田区・新宿区・文京区』街と暮らし社
塩見鮮一郎『吉原という異界』現代書館
浦本誉至史『弾左衛門と江戸の被差別民』ちくま文庫
待乳山聖天「待乳山聖天頒布資料」
神齢山悉地院大本山護国寺（護国寺）「護国寺頒布資料」
下谷坂本お山開き（小野照崎神社）「小野照崎神社頒布資料」
刑場跡周辺（延命寺）「延命寺頒布資料」

切りとり線

★読者のみなさまにお願い

この本をお読みになって、どんな感想をお持ちでしょうか。祥伝社のホームページから書評をお送りいただけたら、ありがたく存じます。今後の企画の参考にさせていただきます。また、次ページの原稿用紙を切り取り、左記まで郵送していただいても結構です。

お寄せいただいた書評は、ご了解のうえ新聞・雑誌などを通じて紹介させていただくこともあります。採用の場合は、特製図書カードを差しあげます。

なお、ご記入いただいたお名前、ご住所、ご連絡先等は、書評紹介の事前了解、謝礼のお届け以外の目的で利用することはありません。また、それらの情報を6カ月を越えて保管することもありません。

〒101-8701（お手紙は郵便番号だけで届きます）
祥伝社　新書編集部
電話03（3265）2310
祥伝社ブックレビュー　www.shodensha.co.jp/bookreview

★本書の購買動機（媒体名、あるいは○をつけてください）

＿＿＿＿新聞の広告を見て	＿＿＿＿誌の広告を見て	＿＿＿＿の書評を見て	＿＿＿＿の Web を見て	書店で見かけて	知人のすすめで

★100字書評……江戸の暗号

名前

住所

年齢

職業

土方勝一郎　ひじかた・かついちろう

芝浦工業大学建築学部建築学科教授。1955年、東京都生まれ。1979年、東京大学工学部建築学科卒業。1981年、東京大学大学院工学系研究科建築学専攻修了。博士（工学）。民間企業を経て、2013年より現職。専門は建築構造。著書に『よくわかる建築構造力学Ⅰ、Ⅱ』（共著、森北出版）など。30年以上、東京の町歩きを趣味としている。

江戸《えど》の暗号《あんごう》

土方勝一郎《ひじかたかついちろう》

2021年4月10日　初版第1刷発行

発行者……………辻 浩明
発行所……………祥伝社《しょうでんしゃ》
〒101-8701　東京都千代田区神田神保町3-3
電話　03(3265)2081(販売部)
電話　03(3265)2310(編集部)
電話　03(3265)3622(業務部)
ホームページ　www.shodensha.co.jp

装丁者……………盛川和洋
印刷所……………萩原印刷
製本所……………ナショナル製本

Printed in Japan　ISBN978-4-396-11626-2　C0221

〈祥伝社新書〉
「江戸散歩」シリーズ

240
《ヴィジュアル版》江戸の大名屋敷を歩く
あの人気スポットも大名屋敷の跡地だった。13の探索コースを紹介
歴史研究家 黒田 涼《りょう》

280
《ヴィジュアル版》江戸の神社・お寺を歩く［城東編］
寛永寺《かんえいじ》、浄閑寺《じょうかんじ》、富岡《とみおか》八幡宮、水天宮《すいてんぐう》ほか、訪れる優先順位つきで紹介
黒田 涼

281
《ヴィジュアル版》江戸の神社・お寺を歩く［城西編］
泉岳寺《せんがくじ》、品川寺《ほんせんじ》、日枝《ひえ》神社、鳩森《はとのもり》八幡ほか、武家屋敷も多い山の手地域を歩く
黒田 涼

468
《ヴィジュアル版》江戸の街道を歩く
東海道《とうかいどう》、甲州《こうしゅう》街道、青梅《おうめ》街道、日光《にっこう》街道、大山道《おおやまみち》、所沢道《ところざわみち》など全16コース
黒田 涼

573
《ヴィジュアル版》新発見！ 江戸城を歩く
半日で1コース！ 江戸城の痕跡に触れる歴史散歩
黒田 涼